U0069118

逗陣看台灣

綠色逗陣年度選集

獻給所有曾與「綠逗」一起圓夢的海內外台灣人。

目次

輯二

社會探針

漫畫

邱顯洵作品

輯三

政治透視

輯四 司法正義

輯五
國際觀察

輯六
綠逗謳歌

序言

從虱目魚到台灣旗

綠色逗陣編輯小組

「綠色逗陣」成立於二〇〇八年綠營敗選之際，旋即於二〇〇九年元旦在電台開播節目，以「外爭主權、內挺人權」的堅定理念，旨在為台灣前途和社會正義發聲。二〇〇九年八月，莫拉克颱風造成高雄小林村滅村巨災，一時間，台灣民眾在網路上動員起來，從風災影響的即時發布到災後重建，展現比政府更全面的救災能力。綠色逗陣團隊當時提出「樹苗計畫」，安排「陪伴家庭」積極協助小林村倖存戶，「樹苗計畫」在二〇一五年告一段落。綠逗八年來戮力經營的廣播節目，也已於二〇一六年初結束，團隊重組轉型為言論網站，向海內外徵求稿件。這一年來，我們發現來稿文章主題多元、立論精闢豐富，於是精選其中具代表者，輯成《逗陣看台灣》。

《逗陣看台灣》分為六個單元，包括探索台灣定位、土地和歷史的「認同與人文」，剖析各類社會議題的「社會探針」，針砭現實政治的「政治透視」，關懷司法體制與人權的「司法正義」，放眼世界的「國際觀察」，以及感時懷思的「綠逗謳歌」。

從海外投稿，我們認識一段以冰上石壺（Curling）競技，匯集熱情與意志所追尋的奧運夢；從威斯康辛州立大學（麥迪遜校區）成立的布袋戲團，進一步了解海外台灣人在當地宣揚台灣文化的努力，布袋戲團上演的劇碼包括民間童話故事「虎姑婆」、泉州移民來台的「周百萬」醒世故事、外國人在台灣「福爾摩沙的馬偕醫師」，以及關涉原住民文化的「日月潭傳奇」；潘美智撰寫的〈「台灣旗」的誕生始末及背景〉則讓我們明白，近年在海內外台灣人聚會場合，時常見到的左右綠色長條，中間白色爲底上有綠色台灣島的「台灣旗」，如何於二〇〇〇年第一次政黨輪替時誕生，此文刊於綠逗網站後，被報紙、網路轉載，留下創作「台灣旗」的第一手珍貴資料。

「社會探針」單元，兩篇截然不同況味的文章，突顯出本書在社會議題包羅的廣度。一是陳建志紀錄自身多年潛水接觸綠島石朗海域具有千年歲數「大香菇」（一種微孔珊瑚獨立礁）的美麗體驗，雖因二〇一六年九月莫蘭蒂颱風造成大香菇崩然傾倒而感失落，卻也能轉化爲一股深刻的想念，只因他的經歷已經銘刻於心。另一則是張勝源以詼諧機智的對話在〈有合法的執法　人權才能有保障〉一文，探究立法與執法之間如果產生落差，戕害人權的事件如何難以避免。

「政治透視」和「司法正義」兩個單元，無論就轉型正義、黨國舊制餘虐、特務遺毒、司法體制弊端等主題，多是回應當下現實的評析，其中也包括前瞻啓發的論述，如蘇瑞鏘倡導建立專屬台灣人民的人權雙十節，以及鄭文龍強調法官選舉與法官評鑑相互搭配的重要。

再者，鄭麗伶在〈九二虱目魚的悲歌〉一文，從居住在美國中西部，早先可買到來自南台灣的虱目魚，到晚近美國市場只進口菲律賓虱目魚，探討南台灣虱目魚養殖協會在與中國進行虱目魚契作，如何從小幅讓利到被綁架，進而試圖影響蔡英文政府「承認九二共識救漁民」，這類對台灣社會進行潛移影響的中國因素，發生在各種層次、不同方面，不能輕忽漠視。

「國際觀察」選錄與台灣息息相關的議題，例如：川普選上美國總統及其執政理念、太平島為什麼不該是島、南韓建立「薩德」防禦系統對周邊地理政治可能產生的連鎖影響，本書皆有述及。而「綠逗謳歌」單元，李淑媛的兩首台語詩──〈後生的目屎〉和〈紅樹林之戀〉，展現台語的韻味與鏗鏘，莊柳芬寫的〈還願〉，氣氛迴腸繚繞，提供《逗陣看台灣》感性的面向。除此之外，綠色逗陣網站每週更新邱顯洵繪製的漫畫，針對時事進行切中要害的嘲諷，讓網站評論形式更豐富，我們特別在本書中精選數幅，以饗讀者。

概括《逗陣看台灣》的內涵，可說是「從虱目魚到台灣旗」，一方面觸及最當下的論辯，比如產生「九二虱目魚」的政經環境；一方面探索追求台灣的國家定位，期待讓「台灣旗」自在飄揚。後者或許困難重重，但「綠色逗陣」相信：「目標正確要比過程輕鬆重要，理念堅定要比選舉勝利重要；民主的眞諦不在附和主流民意，而在啓迪民眾獨立思考，追尋共同未來。」

美麗的台灣地處太平洋周邊，受歐亞大陸與菲律賓海板塊擠壓，形塑出具有高聳山岳的島嶼，不但有生物多樣性，也成爲南島語系發源的一部分。當我們遊歷到環太平洋南美洲的祕魯馬丘比丘，或到南島語族最東邊的復活節島，都可找到與台灣的淵源。正如電影《普羅米修斯》在探尋地球人的起源，我們不免也想問：「我們到底從哪裡來？」在台灣島上紛擾的問題，從族群、身分認同、歷史詮釋到國家主體，針對文化價值進一步的認定，或能提供台灣未來出路的答案。

《逗陣看台灣》編輯小組成員：王美琇、水瓶子、廖美、孫薇雅

輯一

認同與人文

土地的意義

——已故齊柏林導演的啟示

文◎金守民

土地不只是蘊藏資源的「物品」，而是精神奕奕、跟我們互動不止。不是沒有聲音任我們糟踏，而是有個性的，土石流把人埋在泥地裡，大雨來也會把人沖走。我們愛土地，也在耗損土地。

在台灣，「愛台灣」是很多人的口頭禪，可是到底要怎麼「愛」自己的土地家園，人人有不同的念頭與方式，甚至堅持不一樣的政治立場。

美國小朋友常用講笑話、諷刺的語言表達「愛」，譬如中文講「我愛吃蛋糕」，英文則是「我愛蛋糕」（I love cake.）。小時候朋友問：「你愛蛋糕嗎?」「對呀，我愛蛋糕。」朋友接了一句妙語：「那你爲什麼不和蛋糕結婚?」（Then why don't you marry cake?）還再挖苦：「你可以跟蛋糕相親相愛啊！親一親吧！」這種小大人玩的語言遊戲顯示出，「愛」有時只能掛在嘴巴上，實踐起來大不可能。當我說「我愛蛋糕」，其實我是爲了自己的肚子，要「毀滅」蛋糕。

我們一方面「愛台灣」，但是遇到跟我們理念不同的人講「愛台灣」的時候，我們會覺得對方是虛假的。這是因爲「愛台灣」是一種隱喻（metaphor），一種語言表達，到底怎麼實現，人人有不同的想法。總不能抱抱台灣吧？要怎麼跟台灣親親呢？

台灣歷史上有政治人物和他們的老婆趴在地上向大地親吻，從選舉結果來看，這動作似乎沒有爲候選人取得多數選票。不過從他們的動作，看出「愛台灣」指的是我們和這塊土地的關係；台灣人講「愛台灣」是指對自己土地的認同，儘管這是個抽象的概念。

土地到底要怎麼愛呢？對台灣人來說，齊柏林導演的《看見台灣》很明顯地表達了他對台灣的熱愛與呵護。因爲齊柏林先生看到的——也讓我們看到的——台灣土地的整體，它的美、它的魅力，也看到它的汙染、缺陷與創傷，齊導對台灣的偉大貢獻，是讓我們認知我們的土地和土地上的人與事，看到土地的眞實面象：有醜陋也有優雅、有好也有壞，島國的多元與活力，卻有國土的腐敗所帶來的精神汙染。《看見台灣》讓我們看到的，是一塊土地連結了所有台灣的地理、環境、生態、族群與社區。國家公園被破壞、河川被汙染，大家都遭殃。《看見台灣》的「愛」土地的故事是，土地的眞面目、社會的眞樣貌，必須整體深入地去了解與探討；「愛台灣」就是認識自己的島國。

認識土地不只是對「台澎金馬」產生好感，而是由土地出發來論國家與社會，面對土地上最大的挑戰。任何一個國家都有複雜的族群關係、政治問題、歷史創傷與結構上的缺陷。齊導看見的台灣，讓我看到「愛土地」是個多鉅大的、意想不到的考驗，必須進一步深入檢討，現在這塊土地是充滿危機與不安的。

我研讀的英國文學裡，最喜愛的一些作家也曾利用土地來探討國家形成的議題。莎士比亞的《理查二世》（Richard II）裡，當理查的叔父約翰（John of Gaunt）發現國王已經越權成了暴君，在臨終前用他最後的力氣頌揚英倫島國的偉大，以凸顯國家現今面臨的危機。莎翁這段台詞，把過去英國人自認爲是國家的缺點寫成了優點。英國直至莎士比亞的時代還不算個歐洲大國，與歐洲大陸隔個海，是比較孤立的島國，傳統條件不如西班牙或法國等面積較大、氣候較溫暖、而且文明較先進發達的國家。

《理查二世》裡，愛國的王叔約翰講出了他對土地的感情：英國是「有君王尊嚴的島國／這島國四面環海／是大自然最理想的堡壘／海洋就好比城牆／防衛家園的護城河／免受外來覬覦者的侵犯」，「英國是一塊福地／從它的子宮孕育了大有作爲的君王」，可是到今天（指理查暴君的行爲對國家的傷害），「一個向來是征服別人的國家／已經很可恥地征服了自己」。

從王叔約翰的台詞可以看到，莎士比亞對君王體制並不反對，那個時代的他也不覺得征服別人有什麼不對。土地給他的啓示是，大自然給予這麼好的地方，何必自我作賤，要把自己的國家給搞砸了呢？我們的條件很好，我們有尊嚴，我們不必以暴力、威權來治國。

莎翁的晚輩，進一步以土地爲中心，討論民主革命、國家現代化的展望，也不諱言改革過程中的矛盾與失落。十七世紀詩人安德魯・馬維爾（Andrew Marvell）的詩，是英國文學裡數一數二的傑作，他獻詩篇《論艾波頓莊園》（Upon Appleton House）給帶領英國革命的貴族托馬斯・費爾法克斯將軍（Thomas Fairfax），更是膾炙人口。艾波頓莊園是費爾法克斯繼承的祖產，馬維爾藉著描述這片土地的自然環境與住宅建築，像說故事一樣探討英國的過去、現在和未來。

馬維爾的偉大在於，他勇於面對、誠實檢討人跟土地之間許多暴力與負面的關係。馬維爾不把「愛土地」當作輕浮的政治口號，而是反覆思考對土地展現「愛情」時的矛盾與暴力。改革固然正面，但也製造出可怕的社會創傷與仇恨。在詩裡，男主角爲了追求愛情，侵入修女院把未婚妻救出，婚後兩人成爲莊園的主人，修女院變成居所，而從此費爾法克斯家脫離了他們祖先的信仰，從天主教變成了新教徒。愛的動力在土地上顚覆了封建與迷信，但不免有殺傷力，畢竟那些修女與她們的生活形態一併消失、不復存在。馬維爾論土地表達了愛情的矛盾與複雜：有成長、也有破壞，有感情、也充滿了激情，卻不免一番失落與孤單。

除了《論艾波頓莊園》外，一系列「鋤草者」之詩，主角戴蒙（Damon）是花園鋤草者，一面整理土地，腦袋裡都是女朋友茱莉安娜（Juliana）的倩影。其中《鋤草者之歌》說到，每當茱莉安娜來訪，引起戴蒙的激情，他就一個勁發洩在鋤草整地。很多讀者認爲，在馬維爾的詩裡，鋤草的動作就象徵十七世紀初英國人跟他們的國王內戰時，人民一一被砍殺，顯出戰爭的可怕。這樣說來，愛情是有殺傷力的，但是，馬維爾也強調，殺傷力也是革新力量：畢竟小草們被修整，會再成長；對馬維爾來說，革命的創傷，最終是爲了國家的進步與再生。鋤草者把自己比喻爲小草，受夠了茱莉安娜對他漠不關心，卻越發思念她；愛慕之心有殺傷力，也有寂寞與失落。

「愛情」到底是怎麼一回事？人人有不同的想法。有的人「愛台灣」就有如「愛蛋糕」一樣，想把土地的資源狼吞虎嚥下肚。很多人看到台灣寶島的確愛不釋手，不過他們「愛台灣」的方式是時時刻刻在耗損這塊土地：垃圾不分類、收集撿拾海邊石頭、公園花草拔回家欣賞、喝高山茶、高價買台灣檜木做擺飾、喜歡光顧沒有建築許可的豪華溫泉旅館、到水土保持不良的山地住民宿、在農地蓋豪宅、在城鎮炒地皮。我不是光指責別人，我自己也曾做過一些耗損土地的事；要是我有錢，或許會做出更多傷害土地的事。

進一步了解我們與環境的關係之後，環保遠比炫富重要。或許你看不到自己對土地的磨損，不過從有歷史以來，人類文明的存在就是對大自然有一定傷害。中世紀冰島人描述家園時，篇篇都是森林、樹木、草地。今日冰島這些都「吃光光」了，幾百年來砍伐樹木、綿羊吃掉地上植物，造成島上四分之三嚴重水土流失，今天冰島人需要的物資很多從國外進口。

我們常常用「愛」來頌揚土地，但大部分人跟大地談的戀愛若不是只耗損、無成長，就是不痛不癢喊口號。大多數人的「愛情」若不是沒有付出的，就是膚淺的。齊柏林導演愛台灣是不折不扣的愛情故事，他跟大地的關係是深入複雜的、也是充滿熱情與危險的。幾次在電視上看到他受訪說的話，我蠻感動：原來愛台灣也是很危險的事情！因爲很危險，所以要付出。爲了要拍攝台灣，他幾乎每天是冒險、賣命在工作。

在《看見台灣》裡，土地不只是蘊藏資源的「物品」，而精神奕奕、跟我們互動不止。正因爲有互動，這片土地不是沒有聲音任我們糟踏，而是有個性的，土石流把人埋在泥地裡，大雨來也會把人沖走。我們愛土地，也在耗損土地，造成我們與土地的關係充滿了危機。多年來，齊導「愛台灣」的使命讓他處在一個孤立的環境，要上飛機連家人都不敢告知，只有飛行員與助理陪伴。爲了這塊土地，齊導付出他自己的生命，沒有人比他做了更大的犧牲，沒有人比他更讓我們了解「愛台灣」的眞諦。

戰鬥番薯奧運夢

文、圖◎鄭麗伶

曾經有一群留學美國的台灣學生想「前進奧運」；他們不只想買票去參加四年一度的國際體壇盛會，而是期待能成爲國家隊代表台灣。這可不是什麼小說的開端，而是眞才實料的眞人眞事。

有一部一九九三年出品的迪士尼電影，片名是《Cool Runnings》，台灣譯名爲《癲瘋總動員》，改編自眞人眞事的勵志電影。故事開端是一位牙買加短跑好手，原本可望代表國家參與夏季奧運會，卻在選拔賽上意外失足而未能入選。男主角隨後突發奇想，決定招兵買馬找其他幾位短跑好手，組成牙買加這個熱帶國家前所未聞的史上第一支雪橇隊（bobsled team），準備改換「跑道」參加冬季奧運。在訓練期間，他們以草坡地代替滑雪道練習，從未見過雪的選手們把自己關進冰庫以體會冰天雪地的滋味。當他們抵達加拿大冬季奧運舉辦現場時，所有人當他們是來鬧場的笑話，他國選手更不把他們看在眼裡。直到比賽當天，這幾名牙買加青年終於以實力和令人感佩的體育精神贏得眾人尊敬和掌聲。

和牙買加選手一樣「癲瘋」的這群台灣留學生，他們很清楚自己不是國手級運動員，也得考慮在異國求學課業及研究工作的重擔。然而，既然身處於「美國大冰箱」之稱的威斯康辛州，在二〇〇〇年十月底冷颼颼的天氣中，這群台灣學生結伴走進當地歷史悠久，曾出產美國國家隊甚至是世界級好手的「麥迪遜冰上石壺俱樂部」（Madison Curling Club），開始一段畢生難得的冰上之旅。

冰上石壺（Curling）簡稱冰壺或冰球，源於十六世紀蘇格蘭人冬天時在冰凍池塘上玩的推石球遊戲，不應與冰上曲棍球（Hockey）混淆。冰壺於一九八〇年成爲奧運認可的體育運動，在一九九八年日本長野第十八屆冬季奧運會，成爲正式比賽項目。此運動的規則並不複雜，簡單的說就是把敵隊的石壺擊出，並把己隊石壺留在圓心；迷人之處在於它強調智慧、戰略及團隊合作和運動家精神，也因此冰壺素有「冰上棋局」美名。對冰壺不熟悉但好奇的人，建議您上

台灣冰壺俱樂部—戰鬥番薯隊徽。

網輸入英文單字 curling shots，便可點閱觀賞許多精采冰壺比賽的經典球。

再回到這一群「癲瘋」的威斯康辛大學台灣留學生們，他們在二〇〇〇年加入會員超過五百多人的「麥迪遜冰上石壺俱樂部」，也自行成立成員只有十來人的「台灣冰壺俱樂部」（The Taiwanese Curling Club）；俱樂部的吉祥物是一隻穿著蘇格蘭裙、頭頂綠藤小葉、眼神犀利專注、帶著冰球滑行的戰鬥番薯（Fighting Yams）。就因爲吉祥物特別和有趣，加上學生們積極參與並擔任麥城冰壺俱樂部的志工工作，這些台灣留學生得以在許多場合大力推銷遠在太平洋彼端的美麗島福爾摩沙。

有趣的是，台灣沒有正式的球隊，但在世界冰壺協會早已是登記有案的會員。於是，除了和台灣體協接觸，學生們勤加練習並組隊四處參賽。就在二〇〇一年，開始學打冰球短短一年後，戰鬥番薯的男子和女子隊自費遠征至韓國，代表台灣參與太平洋冰壺盃（Pacific Curling Championship）比賽。戰鬥番薯女子隊於二〇〇三年成爲在日本青森舉行的亞冬運台灣代表隊，二〇〇三年到二〇〇六年間持續參賽太平洋冰壺盃，二〇〇六年也曾打入美國冰球俱樂部的州際賽。

學生們有繁重的課業及論文研究要考慮，當年團隊練習時間幾乎在清晨五點多到七點半進行；加上不是全職運動員，多年來征戰成績也許不盡人意。然而，這麼「肉腳」的業餘隊伍，也曾在太平洋杯中擊敗過紐西蘭、澳洲及中國隊伍的紀錄。讓這些戰鬥番薯們最感到驕傲窩心

髄膜炎に予防接種へ 2
グ、年俸を談合？ 18
誓約書23万人分回収 35
融元従業員が証言 35

讀賣新聞

発行所 読売新聞東京本社
第45563号
〒100-8055 東京都千代田区大手町1-7-1
電話 (03)3242-1111(代)
http://www.yomiuri.co.jp/

2003年(平成15年)2月2日 日曜日

ダイエー 新生銀からの債務返済 主力行肩代わり

「瑕疵担保」リスク回避

U2の飛行 イラク容認

【バグダッド＝相楽浩】

冬季アジア大会開会式で、「青森ねぶた」の跳人（はねと）らと踊る台湾選手（1日、青森市で）

《讀賣新聞》頭版報導台灣冰壺女子隊。

的，是他們自始至終堅持以「台灣」隊名義和他國球隊交流。所有國際運動場合。他們自行製作台灣戰鬥番薯T恤和徽章送給其他球隊，而且幸運的是（還是很不幸？），多年來參加太平洋盃比賽沒有任何來自政府的經費補助，戰鬥番薯們在自己「家庭工廠」印製的制服背後是斗大的Taiwan，而不是在世界地圖上根本不存在的「中華台北」，全球皆知「中華台北」荒謬的稱號。二〇〇三年的亞冬運中，《讀賣新聞》於二月二日的頭版刊登了「台灣」冰壺女子隊參與開幕式慶典的相片，而朝日新聞也在二月八日報導了這支來自威斯康辛州，很特別的「台灣」隊伍！

很可惜，二〇〇六年底的太平洋盃是當年女子隊的最後一役。由於絕大多數球員將畢業和離開麥城，以及年復一年麥城冰球俱樂部會費和相當昂貴的裝備，加上多次遠征日韓的旅費和食宿，甚至二〇〇五年底回台參加太平洋盃的機票，全部是番薯們自掏腰包或義賣T恤、徽章等等紀念品所得而來。相對於台灣隊拮据境遇，日本與韓國的冰球發展卻是中央政府全力支持，幾年後再由私人企業（日本）或縣市政府（韓國）接手；至於共產國家的中國隊，想當然爾是終年受訓並由國家負責所有經費。

當然，台灣體協經費確實有限，但不可否認的是政府在體育發展向來趨於短視，而且由外行主導和收割型的政策更是眾所周知。也難怪網球選手謝淑薇會宣布，往後不再接受國家隊徵召，並投下全面退出台灣網壇的震撼彈；更可悲的是，中華奧會的官僚也只能隨後發表

「相忍爲國」這種毫無說服力的道德呼喚。

雖然戰鬥番薯的奧運夢最終還是南柯一夢，但這些來自台灣的學子卻在冰天雪地的北國得到最溫暖的支持。從二〇〇〇到二〇〇六年之間，他們受到無數麥城冰球俱樂部其他會員的幫忙和鼓勵，甚至還有美國國家級的教練 Wally Henry 免費提供指導。如果當年這些番薯囡仔能夠少一些籌資的煩惱和壓力，多一點來自台灣的經費和鼓勵，有誰敢說這個「異想天開」的夢想是不可能實現的呢？

編按：

作者鄭麗伶和先生 HIRO 就是「戰鬥番薯冰球隊」的「始作俑者」，投資最多的金錢和時間，從二〇〇〇年到二〇〇六年間，夫妻二人為了球隊幾乎花光存款。不過，作者表示冰球（curling）是團隊運動，Fighting Yams 所有番薯囝仔隊員們共同支持和努力，才能持續這麼多年。

至於比賽期間的有趣逸事，作者很愉快地談起：「有一次日本把 program 裡面的稱號印錯了，結果中華台北變成台灣隊，大快人心！當時中國隊跳腳加抗議好半天，雖有阻擋但最後仍是順利完成比賽。參加亞冬運時制服和經費都是台灣政府負責，戰鬥番薯的正式名稱是中華台北隊，只好穿上了中華碗糕台北服。但是在太平洋盃（PCC）政府沒出錢，我們就自己玩得痛快啦！」

就是愛台灣

——威斯康辛大學「台灣布袋戲團」的故事

文◎美國威斯康辛大學「台灣布袋戲團」

愛台灣的方式有很多，您恐怕不曾想過，透過掌中戲偶來傳達心中對台灣的愛。這個故事，告訴你美國威斯康辛州立大學麥迪遜校區一群台灣留學生，透過成立台灣布袋戲團來宣傳台灣。適逢成立二十週年，二〇一七年五月「UW-Madison 台灣布袋戲團」在台灣舉辦二十週年團慶，讓我們一起祝福布袋戲團二十歲生日快樂！

一群台灣留學生在美國威斯康辛州立大學麥迪遜校區成立「UW-Madison 台灣布袋戲團」，歷經二十年而不懈。對於由留學生所組成的業餘戲團而言，留學生們來來去去、不會久留，實在不是一件簡單的事。到底是什麼機緣促成這個戲團成立？又是什麼樣的信願，支持著戲團在留學生不斷更換中傳承？請耐心讀下去。

戲團的誕生，追溯到一九九七年，當時「UW-Madison 台灣同學會」成立才一年。台灣同學會是為了宣揚台灣意識而成立，這樣的宗旨與一位現在已不在人世的陳清風教授的理念契合，陳教授主動與首任會長謝良瑜聯繫，提出透過布袋戲演出以宣揚台灣文化的構想；由於陳教授早已備妥劇本和戲偶，只差具有熱忱的演出人員而已，於是雙方很快敲定合作。在當年威州密爾瓦基市的中秋節慶典（Moon Festival）中，由陳教授編導、同學會成員所演出的台灣布袋戲「虎姑婆」首度隆重登場。

那場處女秀演出其實相當克難：首先，陳教授教導一些簡單操作戲偶的方法，大家以往不曾受過訓練，如果一邊操偶、一邊講台詞，恐怕會手忙嘴亂。於是陳教授想出事先將台詞錄好音，演出時再播放的方法，這種被團員稱為「卡拉ＯＫ布袋戲」的演出方式，一直沿用至今。

解決演出時的軟體問題，還要面對搭建舞台的困難。在有限的經費下，同學會裡精於木工的蔡宗希同學便決定自行組搭舞台。為了省錢、方便搬運及拆搭，選用的質材相當輕巧，但缺點則是不穩固，所以演出時，出現這樣有趣的畫面——一組人馬在舞台四周幫忙「固樁」。

「UW-Madison 台灣同學會」就以這種陽春克難的方式，連續兩年在年度中秋節慶典中演出布袋戲。到了一九九九年，該校國際學生中心的蘇秀瑞巴（Marilee Sushoreba）女士和同學會接洽，邀請加入一項國際文化推廣活動計畫，做法是正式成立布袋戲團，不定期到當地各個中小學演出，以宣傳台灣文化。

我們的「台灣布袋戲團」就此正式成立，這也意味著必須有固定班底，必須定期排練，而且時常接受邀演，不能再像前兩年那樣，平常沒有任何操兵演練的活動，只在年節時應景演出。

當時台灣同學會裡都是志同道合的朋友，人數並不多，因此戲團一旦成立，會員們成了當然團員。然而留學生們課業繁重，要找出有交集的空檔進行日常排練以及演出，十分重要。第一任團長鄭麗伶回想，爲了執行這項任務，開學的第一件事，就是叫大家把課表交出來，根據課表來分組練習。接下來，必須修改原有的「虎姑婆」劇本，並且重新錄音。當時陳清風教授所提供的錄音是台語發音，再搭配英文旁白，不過既然戲團設立目的是向美國友人宣揚台灣文化，以台語發音勢必會阻隔觀眾接收訊息，尤其當觀眾多半是當地美國學童、家長或老師時，我們更需要讓他們即席聽得懂，才能引發看戲觀眾的興趣。因此，戲團決定將旁白改爲英語發音，資源匱乏之下，只能在自家以非專業的錄音設備進行錄音。

過一關卡再來一關，解決戲偶以及舞台。由於陳清風教授的布袋戲偶無法長期出借，因此當時團員張嘉文的父親向台灣廠商訂製了一組精緻的戲偶送給我們。這組戲偶總共五尊，專門用來演出「虎姑婆」。而最早那組弱不禁風的輕巧舞台，勢必無法應付密集演出，第二代的舞台是選擇以實木以及其他材質搭建。新舞台固然堅固耐用，但缺點是材質笨重不利搬運，而且組裝耗時。於是鄭麗伶和她學建築的台日混血夫婿小林博仁苦思之餘，買來一截截鐵製水管，按照小林博仁所畫的舞台設計圖組裝，又買來布匹縫製出舞台的布幔。這個舞台很堅固，而且相對容易組裝，運送時所佔的空間也比第二代木質舞台小一些，但是依然嫌笨重。最後，改採PVC水管取代鐵製水管，再加上連接器以及塑膠繩，組成第四代及第五代的舞台。至此，新舞臺不但堅固耐用，最重要的是材質輕巧、利於運送，並且組裝容易，至今仍使用著。

經過數個月籌備和集訓，「UW-M 台灣布袋戲團」於二〇〇〇年正式出團到麥城的中小學演出。剛開始戲碼只有「虎姑婆」，在布袋戲開演前，團員會藉著播放投影片來介紹台灣，讓觀眾了解台灣地理位置、歷史背景、風土民情以及自然環境之美，亦特別說明布袋戲這個歷久不衰的台灣傳統藝術。演出之後還會進行一些和小朋友互動的遊戲，以加深小朋友對台灣的印象。

「虎姑婆」的故事情節很吸引小朋友，加上所使用的布袋戲偶造型討喜，團員和小朋友的互動活潑，很受當地中小學的歡迎，戲團很快地便在當地基層教育網中建立口碑，平均一個月會有一場演出，有時候甚至一個月兩場。也常受到中學和高中的邀請，而一些福利或醫療機構像是老人安養中心、女童軍團或是醫院健康中心等，更是歡迎我們的到訪。受到觀眾反應熱烈，鼓舞戲團開始構思新戲碼，期望將更多台灣故事帶給他們。

二〇〇二年推出了新戲「周百萬」。這齣根據台灣民間故事所改編的新戲，先是由團員顧家華完成中文劇本，然後再改寫成英文劇本。值得一提，此時布袋戲團除了吸引台灣留學生之外，也開始吸引一些在美國長大的台美人第二代，像是 Amy 與 Susan Lin 兩姊妹，也有美國人加入布袋戲團；幾年後，甚至有印度、馬來西亞、甚至來自中國上海的學生加入戲團。台美人第二代的加入，使得布袋戲的配音有更標準的美式英語發音，而布袋戲團則成爲他們增強中文能力，認識父母祖國的最佳幫手。後來，Amy Lin 更成爲台灣布袋戲團的團長，在她兩年的任期中，引介更多的美國友人參與戲團運作，最顯著的績效就是讓戲團配音更加專業。

在布袋戲團正式運作數年後，團員的年齡結構出現了明顯變化：一開始只有唸研究所的學生參加，接著漸漸有大學部學生加入，再後來大學部學生甚至成爲戲團的主力。創團元老同時也是戲團的終身志工鄭麗伶認爲，大學部學生的加入替布袋戲團注入年輕有活力的新血，代表新世代觀點，能夠提出許多大膽有創意的構想。美中不足的是，當年新生代學生的台灣意識較爲薄弱，如何讓他們的活動設計顧及戲團的創團宗旨——宣揚台灣文化，是她做爲戲團守護者的重大挑戰。不過很讓人欣慰，耳濡目染之下，漸漸啓發這些新生代的台灣意識，二〇〇二年的團長李孟澤便是代表。

剛開始，李孟澤在言談中常常自稱爲中國人，而和美國友人提到文化議題時則會說「我們中國文化」云云。他從來沒有意識到這樣說有什麼不妥，因爲從小就這樣被教導：中國的文化就是我們的文化。教科書不都說我們是炎黃子孫，是中國人嗎？連作業簿的封底都印有「做個堂堂正正的中國人」標語。然而一旦台灣意識被喚醒，體內愛台灣的熱血開始翻騰之後，如何透過布袋戲團宣傳台灣，李孟澤比誰都還要認眞。

就是在李孟澤的帶領下，「UW-Madison 台灣布袋戲團」於二〇〇二年首度踏出威斯康辛州，到密西根州進行演出。接著，李孟澤受台北駐芝加哥「經濟文化辦事處」邀請，讓布袋戲團有了到芝加哥羅尤拉大學（Loyola Univ.）、印第安那大學（Univ. of Indiana）以及普渡大學（Perdue Univ.）演出的機會。二〇〇三年，時任台灣同學會會長的李孟澤應邀到華盛頓特區參加「台灣學生會大會」（Taiwanese Collegian Conference），他在會中介紹 UW-Madison 台灣同學會自豪的布袋戲團。聽眾之中，除了台灣留學生社團代表之外，還有來自各州的台灣同鄉會代表，爾後布袋戲團便受華府地區的台灣同鄉會之邀，在當地的台美人傳統文化慶祝活動中演出。靠著台美人社團口耳相傳，以及部分媒體報導，本戲團在全美各地的台美人社群中建立口碑。

除了在外州受到矚目之外，布袋戲團之前在發源地威州麥城所進行的播種工作，收穫更爲豐美。從二〇〇三年起，戲團年年受邀在「慶祝麥城國際節」（Celebrate Madison

International Festival）活動中演出。這個節慶每年都會吸引大批人潮參與，而主辦單位給予布袋戲團一整個下午的時間，連續進行數場演出，意味著一次活動下來，就可以讓千百人看見台灣布袋戲，宣傳台灣的效益相當大。而對於布袋戲團來說，參加這項活動還有一項更實質的效益，就是挹注經費。

事實上，「UW-Madison 台灣布袋戲團」自成立以來，經費一直很拮据，節慶主辦單位對戲團的演出有很不錯的補助。鄭麗伶說，過去由於經費限制，如果受邀演出時對方沒有提供車馬費，團員就必須自掏腰包，對於經濟並不豐厚的留學生而言，既要出力又要出錢，常常讓她覺得很不忍，而有這筆款項入帳，團員們不用再自行負擔這類費用了。

隨著「UW-Madison 台灣布袋戲團」能見度提高，團員默默耕耘逐漸獲得迴響。威州密爾瓦基市的鄭良福教授夫婦被團員們的熱忱和執著所感動，捐了一批總數超過二十個、單價高達兩百多美元的戲偶給布袋戲團。這批戲偶是由台灣專業製作布袋戲偶的大師所製作，不只如此，鄭教授還承諾，未來如果戲團還需要新的戲偶，儘管和他連絡。布袋戲團一路走來，除了要感謝團員的同心協力，也要感謝各方貴人鼎力相助，一同成就大家愛台灣的心。

二〇一七年，UW-Madison 台灣布袋戲團邁入第二十年，歷代成員在五月二十七日從美國及全台各地前往台北陽明大學，爲布袋戲團歡慶二十歲生日，敘舊話當年的同時也展望未來。目前布袋戲團輪番演出的戲碼共有四部：包括代表福佬文化的「虎姑婆」、代表漢人文化的「周百萬」、代表外國人參與台灣發展的「福爾摩沙的馬偕醫師」，以及代表原住民文化的「日月潭的傳奇」，爲了讓戲團能將台灣多元文化完整呈現在觀眾面前，接下來戲團最想做的，是找到適合的客家族群的民俗故事，據以編寫劇本和製作另一齣布袋戲。根據過去的經驗，從劇本的編寫到整齣戲籌備完成大概需要費時四個月到半年，因此希望能在年底之前就推出新的客家戲碼。

創團元老鄭麗伶表示，看到UW-Madison台灣布袋戲團宣揚台灣文化的使命已經有了不錯的成果，當初篳路藍縷的艱辛，都已經雲淡風清。她說，現在大家最希望的，就是看到布袋戲團歡度下一個十年、二十年，永遠延續下去，更希望美國各州都能成立一個台灣布袋戲團，把大家對台灣的愛組成一個網，這樣宣揚台灣文化的力量將會更綿密、更強大！

「台灣旗」的誕生始末及背景

文、圖◎潘美智

近年來，在海內外台灣人聚會場合，不時可見到一幅白色綠色爲底，中間是台灣島造型的台灣旗在飄揚。很多鄉親可能不知道，這面旗的原始設計是受到加拿大國旗的啓發，由姚嘉文和陳文隆兩位先生討論後，二〇〇〇年十一月八日定案誕生。那年台灣總統大選，政黨輪替，民主進步黨第一次成爲中央政府執政黨，民主轉型首度成功。當時姚嘉文在台出任總統府資政，先夫陳文隆則擔任「加拿大台灣人教授專業協會」的會長。

那年十月二十六至二十八日，「國際自由政黨聯盟」（Liberal International，簡稱自由聯盟）在加拿大首都渥太華召開第五十屆大會，民進黨屬於全球自由政黨陣營，又參加了該聯盟爲會員。我們住在渥太華，有地利之便，文隆聞訊後，乃向阿扁政府建議派一位高層政府官員，代表台灣前來參加這個國際會議，結果選派了姚嘉文資政及民進黨駐美代表處主任賴怡忠先生出席。

自由聯盟對台灣的民主轉型給予高度的讚賞和期許，做爲自由聯盟一員的民進黨成功贏得選舉，成爲台灣的執政黨，聯盟不但在大會中口頭恭賀，並發布一份支持台灣的決議文，呼籲聯盟的會員政黨和台灣民進黨密切合作，維護台灣的民主自由及台灣人民的自決權利。這份決議文彌足珍貴，原件附在本文末，值得大家參考。

姚資政一向熱心鼓舞海內外台灣人團結，共同爲台灣獨立建國出力。他來渥太華參加自由聯盟大會時，見到會場到處掛著加拿大國旗，感到加拿大國旗構圖簡單明瞭、又能彰顯加拿大的特徵，就對文隆表示，台灣的新國旗也可以做類似的設計。當時姚資政下榻我們家，開會回來後，兩人就在客廳裡討論起來。原則上決定以加拿大國旗爲藍本，但兩邊以綠色取代紅色，以台灣島取代楓葉。

剛好第二年五月美國各地有「台美人傳統週」（Taiwanese American Heritage Week）的慶祝活動。這個構想最初是一九九九年由美國前總統柯林頓所宣布、經參眾兩議院通過的，全美各地每年五月擇一週做爲

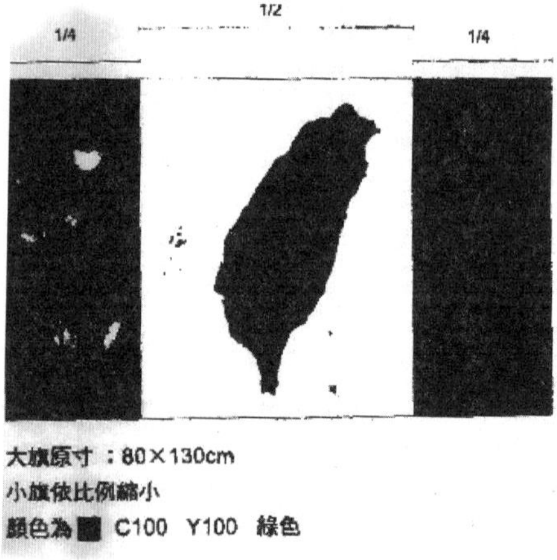

台灣旗的尺寸與色彩數值設定。

① ¼:½:¼ 的比例很好.

② 但 75:110 的長高比例不太好看.
最好以黃金律(8:13)來設計.
即 75公分:120公分
或 75:125

(加拿大的國旗超過 8:13, 更長)

③ 不要忘了澎湖及蘭嶼.

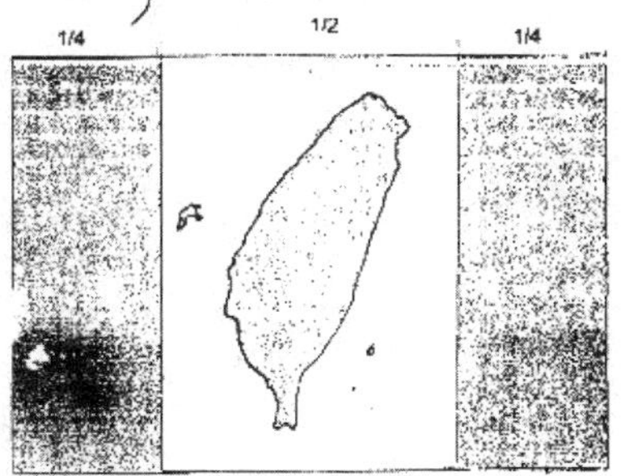

大旗原寸：75×110cm

小旗依比例縮小

台灣傳統週活動用旗

又 日前傳真送去的拙文「台灣在自由世界站起來」投稿自由廣場後，尚未刊載．可能主編有意見。人工發生的事情應讓台灣人民知道．請姚資政親自具名，參改我們的內容，再次投稿台灣媒体，台灣新聞或自立晚報.

陳文隆 2000.11.08

陳文隆傳真回覆意見。

「台美人傳統週」，以表揚「台美人」對美國社會的貢獻。美國國會參眾兩院再於二〇〇〇年五月通過「向台美人傳統週致敬」與「慶祝台美人傳統週」兩項決議。從此以後，全美台灣同鄉會等各個台美人社群於每年四、五、六月，都會舉辦相關的慶祝活動。姚資政認爲設計出來的台灣旗可派上用場，在慶祝「台美人傳統週」的會場上，用來做爲宣示台灣的標誌。

姚資政回台灣後，傳眞寄來初步的設計文案，文隆也以傳眞回復他的意見，略有調整：除了尺寸稍有放大，並在旗上增添澎湖及蘭嶼兩島，顏色則仍爲白與綠，因綠色有台灣長青、永續長存的涵義。

這隻旗子誕生於二〇〇〇年，是台灣第一次政黨輪替、民主轉型成功的同年，又遇上國際自由政黨聯盟五十年大會力挺台灣，以及旅美台灣人第一次慶祝「台美人傳統週」，時間上有其多重特殊的意義。這麼多年來，這面台灣旗飄揚在海內外，我們也親自見證到它被國際上接受的場合：最近的有二〇一四年「世界台灣同鄉聯合會」（世台會）在匈牙利首都布達佩斯舉行時，大會所在旅館門口的旗桿上，就飄揚著這面台灣旗；二〇一五年在土耳其首都伊斯坦堡舉行大會時，旅館也在其二樓的旗桿上，對著進口大路，高掛台灣旗。那一次的世台會，姚資政還遠道從台灣來出席，親切地對我回憶，當年在我家客廳和文隆設計台灣旗的往事，彷彿就在眼前。

最近我參加今年六月底的「加拿大台灣同鄉會」（加台會）年會，加台會及世台會前會長葉國基先生在會上提到，台灣旗是姚嘉文和文隆兩人合作設計產生的，我告訴他：我仍保存有他們當時往來討論的傳眞紀錄。其後，葉前會長來信說：「那些台灣旗設計時的傳眞紀錄，希望妳能整理出來並掃描成爲數位檔案。我一直有個很急迫的計畫，就是把早期加台人從事台灣人運動的故事紀錄成爲史料，如果現在不做，恐怕這些歷史就會消失了。」

今天，台灣終於綠色全面執政，踏上獨立建國的第一步。遺憾的是人事凋零，當年參與設計台灣旗的文隆已先走了，無法親眼看到。對葉前會長所言，我深有同感，乃紀錄於此，留下一頁歷史。

Liberal International
50th Congress
Ottawa/Hull, Canada, 26-28 October, 2000

Resolution on Taiwan

Proposed by the Dutch Group of Liberal International

The 50th Congress of Liberal International convening in Hull, Canada,

Being of the firm conviction that political leadership has to be democratically legitimised and therefore be based on free and fair elections, the rule of law and the principle that the people have the inherent right to decide on their political future in freedom and through their political institutions.

Welcoms the election of Chen Shui-bian and Annette Lu as President and Vice President of Taiwan which emphasized the democratic achievement in Taiwan;

Taking notice of the inaugural speech of President Chen Shui-bian in which he stated that he will not take the initiative to change the present status of Taiwan;

Acknowledging the significant development in different parts and sectors of the society in Mainland China over the past years;

Calls for resumption of the cross-straits dialogue between Mainland China and Taiwan which will lead to enhanced cooperation between them based on the respect of human rights and the democratic principles stated above;

Rejects any suggestion that the present political status quo on Taiwan can be changed other than by the consent of its inhabitants;

Calls upon the international community to strengthen its ties with both Mainland China and Taiwan, and calls upon political parties within Liberal International to closely work together with the Democratic Progressive Party of Taiwan (DPP) in defending democracy on Taiwan and the right of its people to decide about its future.

「國際自由政黨聯盟」（Liberal International）支持台灣決議文。

《咖啡館的故事》人物側寫

——鄭清華先生談大哥鄭南榕

文◎徐珮儀

一九八九年四月七日，軍警強行進入「自由時代雜誌社」以涉嫌叛亂罪的傳票欲拘提鄭南榕。鄭南榕爲堅持百分之百的言論自由，在雜誌社自焚爲言論自由與台灣獨立而殉道。那時候他四十二歲（一九四七～一九八九），女兒只有九歲。二○一一年五月二十一日，綠色逗陣《咖啡館的故事》廣播節目中，劉初枝教授訪問鄭南榕先生最小的弟弟鄭清華先生談他的大哥。以下是鄭清華先生的訪問節錄。

我的父親是在一九三四年日治時代從福建來台灣，依親投靠他的阿姨和姨丈。他本來考慮去新加坡，如果眞去了新加坡，就沒有鄭南榕了。

父親當時要考理髮師執照，一邊學日語、一邊學理髮。十八歲考上執照，十九歲就開始當老闆。搬到羅東之後擔任多屆理髮公會理事長，後來因爲人作保被倒，只好結束羅東的理髮店到中興紙廠福利社的理髮部服務。

我們從小在宜蘭縣五結鄉的中興紙廠長大。紙廠是日本人所蓋，後來被國民政府接收。裡面有宿舍、游泳池、網球場、福利社、活動中心、食堂，在物質缺乏的時代等於是現在的豪宅等級。

紙廠的高級職員都是外省人，主要是福建幫，一部分是來自上海的工程師。小孩子不分本省外省大家都玩在一起。大哥鄭南榕就是個孩子王，帶著大家游泳、踢銅罐仔。我家是塌塌米的日式房子，常常四兄弟兩兩一組玩騎馬打仗。大哥還會帶我們去頭城海水浴場，去蘭陽溪畔烤番薯、釣魚。

我們下面三個弟弟的童年非常快樂，但是大哥未必如此。鄭南榕出生於二二八事件之後半年，二二八事件發生當時，父親剛好人在基隆，花了許久時間才回到台北。我母親大著肚子，獨自一人在台北等待不知去向的父親，可以想見那種驚恐。母親應該常常對大哥談二二八事件，因此二二八事件對大哥的影響很大。

初中聯考的宜蘭狀元

大哥愛讀書、愛音樂、愛電影。鄭南榕考初中時是宜蘭的榜首，在二結轟動一時。記得當時家中的氣氛非常不一樣，外公還寫詩送給大哥。考高中時，鄭南榕同時考上建中及台北工專，大哥選擇了建中，住在台北表叔家。表叔的日文造詣很高，是警備總部的翻譯官。

寒暑假時大哥會回宜蘭。我記得小學四年級時大哥教我們三個弟弟打橋牌。三哥到現在還繼續在打橋牌。

大哥愛看電影，會帶我們三個弟弟去看電影。印象最深的是亞蘭德倫主演的《洛克兄弟》，亞蘭德倫飾演從鄉下到城市打拚，最後為家族犧牲的老三洛克。我讀大二時，大哥已在台北上班，有一天他帶我去西門町看小林正樹導演的《切腹》，頗受震撼。這部電影讓我認識了武士道精神，改變了我對日本人的看法，也是後來我願意到日商公司上班的原因。

或者這就是大哥帶領我們這些弟弟的方式。他不明說，只是帶著我們去做、讓我們自己體會。

波瀾壯闊的大學時期

大哥先考上成功大學工程科學系，後來因志趣不合，重考考上輔大哲學系，隔年再轉入台大哲學系。他就讀成大時參加西格瑪社（Σ社）。我曾問過就讀成大的公司後輩知不知道西格瑪社，後輩說知道啊，那個社都是一些怪人。（註：根據劉定泮先生語，西格瑪社原名

「火星社」，社團的成立來自於對《未央歌》書中西南聯大以及台大融融社「討論哲學、討論藝術、討論人生、相互關懷、相互扶持」的嚮往。〉

鄭南榕在西格瑪社認識了劉定泮與林蒼生，兩人均是成大電機系學生。林蒼生大學畢業後沒有去美國，拿著父親給他的二十萬元，另外湊成五十萬元辦了《草原》雜誌。我讀初中時就在第二期《草原》雜誌讀到黃春明寫的〈癬〉一文，因爲黃春明也是宜蘭人，所以印象非常深刻。（註：劉定泮先生爲同協電子公司董事長。林蒼生先生爲前統一集團總裁。）

大哥還帶回李敖的《文星》雜誌、水牛出版社的書、羅素論集等等，這些都是在我讀初中時大哥帶給我們的養分。

大哥的數理邏輯很強。他轉進台大哲學系之後，還回輔仁大學開補習班，幫助輔仁的學弟妹考台大的轉學考，而且是保證班，沒考上退費。前後曾幫忙八位同學轉進台大。但有一位同學拒絕補習自己考進台大，那就是邱義仁。

父兮生我　母兮鞠我

父母的教養方式對大哥的影響很大。我父親一人來台灣，從小自由自在，比較豁達。我的外公在我小學一年級時過世，外公出殯當天儀式結束後，母親還留在基隆娘家處理後事，父親則帶著我們四個小孩到台北。他對我們說：「等一下我們要做的事不可以告訴媽媽。」隨後便帶我們去兒童樂園看馬戲團。他說因爲剛才外公家的氣氛實在太沉重，現在稍微輕鬆一下，但是回家不可以告訴媽媽。

我父親就是這麼豁達樂天的人，懂得管理情緒、釋放自己的靈魂。我母親個性堅韌，做事非常認眞。鄭南榕則是兩者兼具，辦雜誌時和我媽媽一樣認眞拚命，玩樂起來和我爸爸一樣灑脫快活。

鄭南榕的話不多，一開口就是說重點。有一次我和大哥去五結看媽媽的好朋友，大哥對那位阿姨說：「阿姨你不要聽政府的話生那麼多小孩，你該避孕了，否則對你是很大的經濟負擔。」那個阿姨後來跟我媽媽說：「你們家的南榕問我有沒有避孕。」那時大哥才剛讀大學。

殉道之後

大哥自焚之後，大嫂一路走來非常辛苦。我們這些做弟弟的對大嫂非常佩服，能夠經歷鄭南榕自焚之後又站起來的，也只有葉菊蘭一人而已。如今大哥的女兒竹梅順利長大出嫁，對於大嫂以及給我們一家人溫暖與支持的台灣人，我們無限感念，可以說我們得到的實在比失去的更多。

一九九九年，鄭南榕紀念館在「自由時代雜誌社」民權東路原址落成開放參觀。這裡保存了鄭南榕自焚的總編輯室現場、相關文物、手稿、照片。

二〇〇二年，金寶山的鄭南榕自由之翼紀念墓園落成，有鄭南榕雕像、「自由之翼」雕作以及「焚而不毀」的墓座。

基金會完成了鄭南榕影音紀錄《焚》、卡通動畫《追求自由的大象日記》。我們也將繼續推動鄭南榕文集、人權教育及校外教學方案相關出版品的英日文翻譯。

基金會之外，姚文智先生也在徵求關於鄭南榕的電影劇本。葉博文先生主持的「台灣和平基金會」鼓勵大專學生撰寫關於鄭南榕的研究論文。我們希望讓年輕人認識鄭南榕、讓這段歷史走入校園。

筆者後記：

訪問後，鄭清華先生告訴我，因為太太叫菊蘭，所以鄭南榕將女兒取名竹梅。我說這真是風雅，如此一來梅蘭竹菊四君子都有了。結果鄭清華先生說不對，鄭南榕說這樣打麻將四支花都有了可以多算幾台。聞此妙語，再思及烈士一生，笑著笑著眼眶便熱了起來。

哲人日已遠，典型在夙昔。不知不覺間「焚而不毀」之火已傳承到年輕一代的手上，二〇一四年太陽花學運，立法院外的馬路上，學生們在鄭南榕的照片前點起一支支蠟燭，燭光搖曳，照亮了年輕人寫下的承諾：「接下來就是我們的事了。」

鄭南榕四十二年的短暫人生，綻放得如此絢麗卓絕，在南榕先生巨大身影背後的我們，別無去路，只有繼續追隨他未完成的夢想。

《沉默》前的喧囂

——淺談日本禁教始末

讓我們先了解沉默前的喧囂，就會更懂得聲嘶力竭後的沉默。

文◎徐珮儀

二月上映的電影《沉默》，是美國名導演馬丁．史柯西斯改編自日本名作家遠藤周作的同名小說，因爲在台灣拍攝，台灣媒體紛紛報導，吸引不少觀眾走入電影院。

葡萄牙耶穌會的兩位年輕神父洛特理哥與卡爾倍，在日本禁天主教最嚴厲的時期，偷偷進入日本，除了找尋昔日恩師費雷拉神父的下落之外，也不希望天主教在日本完全斷了根。兩位神父在長崎北方的小村落上岸，教徒辛苦掩護，在山上躲了一個多月，教徒每天兩人一批，輪流上山到神父處告解禱告。

然而官吏獲報，得知村落中有天主教徒，村民堅不吐實，官吏命令村落派出三人當人質，到長崎受審。其中一人棄教，未棄教的兩人被綁在淺灘的十字架木樁上，任由海浪浸身沖刷，兩三天後身心俱疲而死。

兩位神父爲避免連累村民，決定分別逃亡。最終還是遭到密告，被官吏抓到，卡爾倍跟著教徒溺水殉教；主角洛特理哥則在和長崎的長官井上筑後守言語交鋒、和棄教的恩師費雷拉神父談過話之後，爲了拯救一起被關的教徒的生命，踩了聖像而棄教。

電影中除了提出深刻的問題：「人遭受苦難時，神爲何依然沉默？」之外，對於日本政府迫害教徒的殘酷手法，以及對天主教的尖銳質問，也令人印象深刻。

日本天主教徒曾高達數十萬人，羅馬教廷極重視日本的宣教工作，日本戰國時代的大名（諸侯），也十分歡迎傳教士到領地傳教。從一五四九到一六四一年，不過九十二年的時間，爲何天主教在日本完全銷聲匿跡、一片沉寂？

讓我們先了解沉默前的喧囂，就會更懂得聲嘶力竭後的沉默。

織田信長給予庇護

一五四三年，葡萄牙人抵達九州種子島，是日本與西方接觸的開始。一五四九年，西班牙籍耶穌會修士沙勿略（Xavier）抵達九州鹿兒島，將天主教信仰傳入日本。

當時羅馬天主教因歐洲新教興起，亟欲向外拓展勢力，積極派遣傳教士東來。此時的日本爲戰國時代，割地自據的大名（諸侯）們，需要西方的鐵砲火藥及貿易收益來壯大己力，雙方各取所需，一拍即合。九州、京都、江戶（今之東京），信奉天主教者眾。

戰國大名中勢力最龐大的織田信長，尤其喜愛西方文化與科技，賜土地給傳教士蓋教堂。雖然傳教士時不時也會和日本人起衝突，但在領導者的庇護下，天主教蓬勃發展，許多大名也受洗成為信徒。

豐臣秀吉開始翻臉

到了豐臣秀吉時代，原本繼承織田信長對傳教士的寬大政策，但隨著天下逐漸統一，他不必再像往日那麼拉攏傳教士。再則大名與武士信奉天主教，讓豐臣秀吉漸漸擔心天主教徒會如日本的一向宗（淨土眞宗）信徒般，形成另一股不受政府控制的武裝勢力。加上天主教與日本的神道、佛教教義衝突，常傳出拆毀神社、寺廟之事。凡此種種，在爆發葡萄牙商人將日本人當作奴隸賣至海外後，讓秀吉於一五八七年下令驅除傳教士。

然而，秀吉顧慮到與南蠻（西葡兩國）貿易的龐大利益，且剛平定不久的九州，有許多天主教大名，若鎮壓不當，可能導致強烈反彈。因此並未眞正落實驅逐令，傳教士此時尚能自由傳教。

一五九六年，發生「聖菲利浦號事件」。聖菲利浦號是西班牙商船，船上有方濟各會與道明會的傳教士。船隻遭遇颱風嚴重破損，漂流到日本四國地區求救。豐臣秀吉派增田長盛前往處理，增田沒收了船上貨物，並告訴船員，所有人都會被拘禁甚至處刑。船員聞言大爲錯愕，因爲原本他們被告知，秀吉已答應西班牙總督幫助這些船員。

航海長氣憤地向增田展示世界地圖，我們西班牙是世界上數一數二的大國，你們日本是什麼鼻屎大的國家。增田則向秀吉報告，西班牙人都是海賊，用武力佔據秘魯、墨西哥、菲律賓，也會用相同方法佔據日本，他們是爲了測量來的，住在京都的好幾個葡萄牙人都這麼說。

豐臣秀吉大怒，再次發布傳教士驅逐令，這次是來眞的。此事件也讓日本政府對西班牙非常反感，最早被日本斷航的，就是擁有無敵艦隊的西班牙。

他逮捕京都大阪一地的方濟各會成員七人、耶穌會成員三人、信徒十六人，流放到九州的長崎。隔年（一五九七）在長崎處死，是爲日本首批殉教者，天主教會稱爲「日本二十六聖人」。

此時到了秀吉政權末期，日本與西葡兩國的外交、貿易、傳教問題本已錯綜複雜，連天主教到日本傳教的各教派間也對立衝突。最早到日本傳教的聖方濟耶穌會，著重興學與教育，尊重日本文化，採取適應主義，通常與當權者先打好關係，積極傳教的對象是具有社會影響力人士。後到的方濟各會與道明會傳教士，則直接走入人群、向窮人傳教，毫不考慮日本國情，無視日本禁教令。耶穌會與此二修會，關係不斷惡化，傳教士的立場也越來越不利。

德川家康態度不變：從「沒有禁止的理由」到「沒有保護的理由」

德川家康掌權後，一開始對傳教也不怎麼在意，不但發給西班牙傳教士建設許可及布道許可，甚至還接見耶穌會會員。

一六〇〇年，荷蘭商船抵達日本，船上有英國人威廉．亞當斯。耶穌會教士指稱他們是海盜，要德川家康處決這些人。家康拒絕，反而接見亞當斯，獲得許多歐洲局勢新情報。家康從亞當斯處得知，英西荷葡四國目前皆捲入歐洲戰事（英西戰爭及荷蘭獨立戰爭），新興國家荷蘭與英格蘭逐漸崛起，對西葡強權造成威脅。德川家康決定讓兩陣營相互競爭，日本可從中獲得貿易實利。

日本稱西葡為南蠻人，英荷為紅毛人。英荷抵日，足足比西葡晚了五十年，因此拚命急起直追，要與西葡分食與日本貿易這塊大餅。

信奉新教（基督教）的荷蘭告訴德川家康，我們可以將傳教與貿易脫鉤，只貿易、不傳教。日本政府爲了貿易收益，對於傳教引起的糾紛常常睜一隻眼閉一隻眼。荷蘭的聲明，讓家康的立場從「沒有禁止傳教的理由」，變成「沒有保護傳教的理由」。

一六一二年，發生「岡本大八事件」，施賄受賄者皆天主教大名。德川家康態度丕變，明令全國禁教，天主教大名遭撤職、領地俸祿被沒收。

江戶幕府全力掃蕩

家康死後，幕府禁教手段更加嚴厲。

一六二二年，在長崎處死五十五名傳教士、信徒、及藏匿他們的人，史稱「元和大殉教」。

一六二四年，禁止西班牙的船靠岸。

一六二九年，發布「踏絵」令，命令天主教徒每年都要踐踏聖像（耶穌像、聖母像、或是十字架），以示棄教。

一六三七年，爆發震驚全國的「島原事件」，這是江戶幕府時期最大規模的暴動事件，也影響了幕府的鎖國禁教政策。

豐臣秀吉時代，九州的島原及天草兩地的藩主原爲天主教徒，信教的民眾很多。到了德川幕府時期，原藩主易封，改由松倉家及寺澤家擔任領主。當時的藩主們，少了與西方往來的貿易收益（貿易權集中在幕府手中），於是將經濟重擔轉嫁到人民身上。島原藩主尤為殘暴，為了建城、對外用兵，對農民橫征暴斂，又不時迫害基督徒，加上天災歉收發生飢饉，島原、天草兩地人民終於受不了，起兵反抗，殺死藩吏，佔領島原南部的原城。幕府派出十二萬大軍攻打，歷時五個月，原城內彈盡援絕，終於遭幕府軍攻破。三萬七千人的民軍除了極少數投降逃亡者外，遭到全部殲滅。

幕府對此內亂震怒不已，懷疑民軍背後有天主教力量支持。幕府曾截獲兩封葡人書信，稱島原的天主教徒曾試圖接觸在日本的葡萄牙人。幕府恐怕這種以宗教信仰為基礎、排他性極強的勢力，若再結合外國武力，對政權是莫大威脅。再則若公布叛亂原因實為官逼民反，恐怕也會影響幕府威信，因此將此事件單純定調為「天主教徒的叛亂」。

幕府藉此事件，大力掃蕩天主教徒，倖存教徒轉為隱形噤聲的地下教徒，即《沉默》所描繪的村民。

日葡斷交，台灣竟是關鍵因素之一

幕府對於葡萄牙等天主教國家越來越不滿，有意斷交以絕後患。荷蘭見機不可失，開始帶風向。

荷蘭自一六一三年起，由商館館長率隊，每年一次從長崎前往江戶送禮，並向幕府報告國際最新局勢。在一六三七年「島原事件」中，荷蘭還幫幕府砲轟原城，立下戰功。荷蘭眼見幕府因「島原事件」對葡萄牙大起疑忌，自是見縫插針，稱這些天主教國家都是假藉傳教意圖侵略日本，要將葡萄牙擠下獨佔日本貿易利益的寶座。

然而，日本極度仰賴葡萄牙自澳門運來的中國生絲，不敢貿然斷絕與葡萄牙的經貿往來。一六三九年，荷蘭商館館長前往江戶晉見將軍時告訴幕府，荷蘭可以確保中國生絲經由荷蘭殖民地台灣運到日本，這正是壓斷日葡關係的最後一根稻草。

於是日本毅然與葡萄牙斷交，禁止葡萄牙船靠岸，將在日葡人通通趕到長崎港外的出島。隔年葡萄牙從澳門派出使節，請求恢復貿易，全員被幕府抓起來處死。

也就是在一六三九年，《沉默》的葡萄牙籍年輕神父洛特理哥，踏上了日本土地。

《銀鈴會同人誌》讀後記

文、圖◎路瑟

從一九四二到一九四九這七年之間，我從十六、七歲的純眞少年，經歷了世界大戰、戰敗、國民政府來台、血腥鎮壓，長成了傷痕累累的青年。我熱愛的國家讓我幻滅——兩次，血淋淋的兩次。

前陣子逛圖書館時，瞄到一本看來很獨特的書：《銀鈴會同人誌》。雖然引起我的好奇心，但總是錯過。終於某天在圖書館閉館之前，順手借了上下冊。

身爲一個理工出身，年過四十的阿宅，只看書名，還以爲本書是某種架空歷史的同人作品。但是書籍裝訂方式太過素樸又厚重，跟想像中的同人誌形式大不相同。在等車時按耐不住讀了起來，才發現是一本超乎我預期的，不得了的作品。

原來「銀鈴會」是一個台灣文學團體，創立於一九四二年，由三位十六、七歲的少年：張彥勳、朱實、許世清創立，一直持續到一九四九年，是目前所知唯一從戰前跨到戰後台灣文學團體。日後成爲「笠」詩社發起人的詩人們，如詹冰、林亨泰、錦連等人，當時也是銀鈴會成員，因此被認爲是銜接戰前戰後兩個時期的重要新詩團體。《銀鈴會同人誌》則是銀鈴會出版的刊物結集，收錄了含《緣草》一冊、《潮流》五冊、《聯誼會特刊》兩冊、《會報》兩冊等總共十冊刊物，內容包含日文原文及中文翻譯，連編輯後記跟成員通訊錄都有。我即使不是學術研究相關人士，也可想像本書在台灣文學史上應該是一本重量級作品。

十六、七歲……差不多是高中生年紀。換句話說，我可以看到七十年前的學生刊物，這倒是相當有趣，讓人想比較一下，七十年前跟現在的年輕人所關心的事情，有沒有不同？哪裡不同呢？

實際從頭開始閱讀，發現文字相當

《銀鈴會同人誌》上下集封面。

誠懇，以詩爲主，也有其他各式文體，如：評論、小說、劇本等等，關心的主題包含文學、社會、國家前途及（當然）戀愛。七十年前的年輕人熱情地想吸收國外藝文養分，互相砥礪創作，含蓄地表達各種心情。

例如描寫夏天雷雨的詩，就讓人覺得十分親切：

> 初夏未至就極爲酷熱，稍微感到倦怠。但驟雨一過，隨即熱氣散去。
> 心情爽快地從職員辦公室眺望，鳳凰木的嫩綠格外鮮豔。
> 然而，寂靜當中飛雷緊接而至，頓時進入狂躁的境界。
>
> ——〈走馬燈〉／似而非歌人

或者少年對自己的凝視：

> 我把我
> 裝入我的手槍
> 爲了瞄準自己
>
> ——摘錄自〈我．我．我〉／詹冰

這確實是各個世代都存在的某種文藝青年的基調，看著他們浪漫、純眞的文字，描寫著距自己相當遙遠的年代的點點滴滴，有一種既新鮮又熟悉的溫暖感受。

而刊物的氣氛在戰前戰後有著明確轉變。自小過著優渥生活的少年們，在二戰時熱情地想報效國家（日本）、讚揚希特勒爲世界偉人，及至參戰，（可能）在軍中經驗到種族歧視之後，開始認爲台灣人終究跟日本人是不一樣的。戰後，爲了適應官方語言的改變，銀鈴會也呼籲成員多用漢文寫作，此時有種憧憬中華祖國文化的傾向。而在二二八事變之後，憧憬幻滅，開始出現對當局失望的文字。

例如：

被北方放逐的冬天啊
你可不能夢想南方——台灣
南方——台灣不是你的天堂。

——摘錄自〈給冬天〉／有義

但是不管時代如何動盪，這群青年還是堅持著出刊。如果不是對文學有極大的熱情，是不可能如此堅持的。

試想：如果我是生在當時，該如何自處呢?從一九四二到一九四九這七年之間，我從十六、七歲的純眞少年，經歷了世界大戰、戰敗、國民政府來台、血腥鎮壓，長成了傷痕累累的青年。我熱愛的國家讓我幻滅——兩次，血淋淋的兩次。曾經深信天皇的我不被認爲是日本人，「光復」後，期盼著祖國來的國民政府，卻無情地鎮壓台灣同胞。我從小不斷地精練日文，寫出美好的日文作品，現在必須使用新的語言創作。

那樣子要存活下來，持續創作，無論如何，都是一件很艱難的事……想到這裡，頓時對手上這本書，默默地升起了崇高的敬意。

整部作品這麼讀下來，深深地感覺到，當年的少年，跟現在的少年們，其實沒什麼兩樣。都是在初長成的時期對世界充滿好奇與雄心，從前人對世界的描述中想像世界，自覺渺小又想成就偉大，不管是快樂或痛苦，那些感受都被自己鮮活地放大。差別只是在於七十年前時代的轉變更爲劇烈，更爲無情。

如果有機會在書店或圖書館看到《銀鈴會同人誌》，請務必翻看一下。即使是花個五分鐘隨意翻閱，都可以看到七十年前的少年的眞誠心聲，而書中豐富的素材、翻譯、註解，可以讓人感覺到編著者們的努力與用心。有些書是讓千萬人感動叫好的書，《銀鈴會同人誌》或許不是這種，然而本書不管是以其內容或是其存在，都能讓人感受細微而實在的眞情。

還書的時候，忽然記起，自己原本以爲這本書是有關架空歷史的同人作品，但是，連銀鈴會都不知道的我，從教科書得知的歷史，其實才是所謂的架空歷史吧。

《銀鈴會同人誌》上冊，收錄陳茂霖（矢瀨卓）詩作。

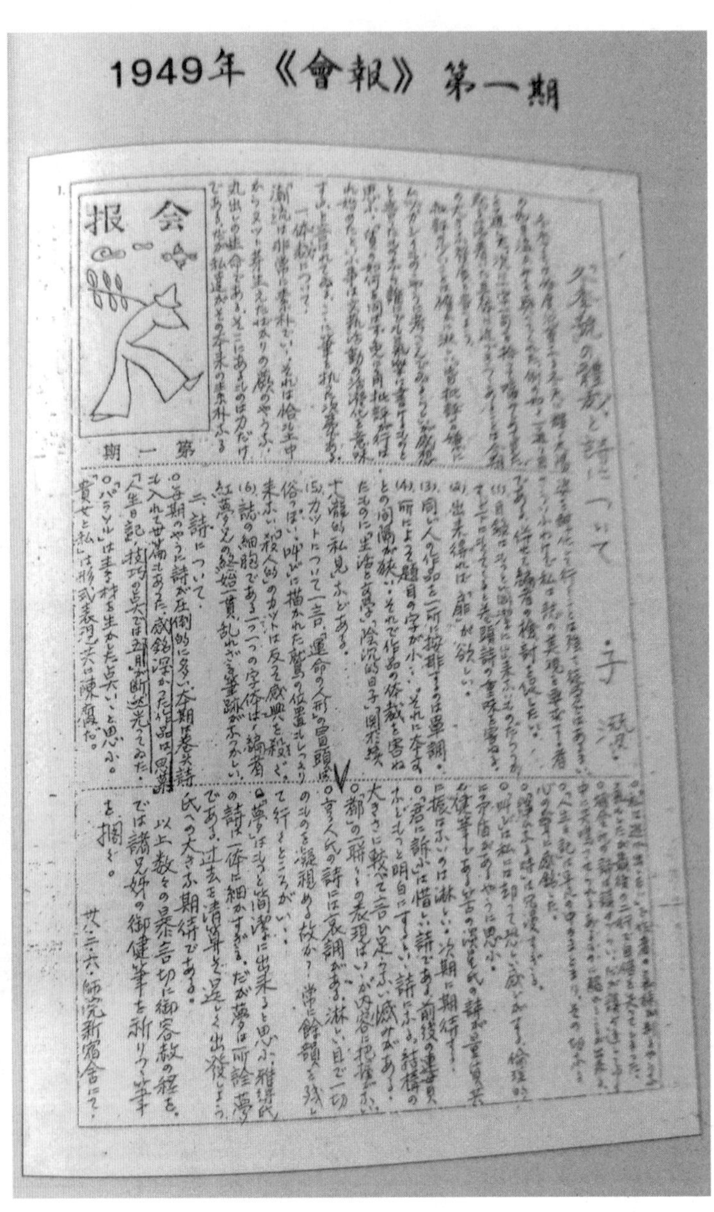
1949年《會報》第一期

会報

第一期

二、詩について

一九四九年《會報》第一期。

「綠島」明明是美麗　我卻撞進哀愁裡

步入綠島人權文化園區，那一段苦難歷史正在眼前撲襲而來！

文、攝影◎阿銘

端午前夕，搭上「彭明敏文教基金會」所主辦的台東、綠島三日遊。這趟旅程，我本就抱定一整個「浮浪心情」，毫不準備，只消隨著基金會一行人，像個跟屁蟲般走走晃晃、吃吃喝喝。預期想像當踏上這個「國境以南」之島，理應是戴著墨鏡騎機車，奔馳在火燒島的艷陽下，脫掉上衣跳進碧海藍天的美麗懷抱。

想像跟實際總是對不上線，就在台東富岡漁港搭上渡船開往綠島的海上，鋒面南移天色漸灰，細雨綿綿，季風更加翻騰黑潮，一波波海浪撞擊船艙碰碰作響，我的胃也被洶湧翻攪，旅遊的好心情被搖成了一種複雜情緒，像是預言似的，我也漸漸撞進時間殤河的皺褶裡。

百般折騰後，渡船靠岸綠島，坐上遊覽車，按照預定行程走訪全島。我一直還處在暈船的餘波狀態，沿途失焦地走馬看花，隨身相機敷衍地喀嚓幾張，也聊表到此一遊。值得一提的是台東在地的導覽大哥，「山豬」是他的外號，常年在台東做各式田野、文史、生態等調查，「山豬」就像我們綠逗的理事長「疣豬」，好爲人師，全程口若懸河、傾囊相授，不只是單純地介紹當地景物，更加上他身爲台東人的在地觀點，讓我們受益匪淺。加上同行旅遊的中研院陳儀深老師，滿腹史觀信手拈來，總會補上我無知的一段，使原本渾噩的精神狀態，恢復些許知性。

午後，遊覽車沿島續行，到了綠島的東北一隅，貼著公路一道高牆拔地而起，近旁矗立一顆偌大的咕咾石塊，上面刻印著「綠洲山莊」四字，標誌著數十年政治受難者的地標。獨裁者總喜歡掛羊頭賣狗肉，明明是監獄，偏要號稱山莊，以爲換個名稱，就可以掩飾醜陋與罪惡。

解嚴之後，這個綠洲山莊的滄桑過往已然成爲台灣悲情歷史的重要一頁，一九四九年到一九八七年長達三十八年的戒嚴時期，綠島監獄的變化可分成幾個階段：

第一、一九五一年～一九六五年台灣省保安司令部的新生訓導處「莊敬營區」。

第二、一九七〇年「泰源事件」後，國民政府爲有效管理，於新生訓導處西側建造一座高牆式監獄，掛牌「綠洲山莊」，將泰源監獄和各地軍事監獄的政治犯遷入，以便集中管理。

第三、一九七二年～一九八七年，山莊成爲國防部在綠島的感訓監獄，內建放射狀二層建築物「八卦樓」，設有醫務室、禁閉室、獨居房等。

走進「綠洲山莊」這美麗名字的背後，放眼所及是架著蛇籠的厚重高牆，牆上塗抹那風聲鶴唳年代各式思想標語，「台獨即台毒、共產即共慘」。步入綠島人權文化園區，那一段苦難歷史正在眼前撲襲而來！身處於展覽空間，我被這些無緣認識的臉孔包圍！層層疊疊政治受難者的名字和相片，「匪諜條例、思想不正、聽從煽惑逃叛、參加判亂組織之集會、意圖顛覆政府而著手實行」等欲加罪狀，做成布幡搖動著靈魂，多少敢於反抗獨裁政權的社會良心被汙名爲「政治犯」，都禁錮在這方寸之中；他們的青春，她們的冤屈，整齊排列著，述說那段肅殺與哀痛！這裡的每一個片段，在心中都是難以承載的沉重，讓人想要逃離，卻又糾結在此當下。

我獨自走出屋外沉緩心情，和一位大哥各自點上一支煙，大哥和我敘說一段小故事：在那白色恐怖的年代，綠島交通不便，任何家屬想要來探望鐵窗內的親人，到台東後，還得等待漁船出海時懇求搭上一程，動輒需要花上一星期的舟車，只爲那一小時的會客時間。曾有一位政治受難者的妻子，千里迢迢奔赴島上，例行會見先生一面，隔著玻璃鴻溝滿心期望著！當先生被帶出時，頭上紮著泛血的紗布，她問怎麼會這樣，只見先生瞄了旁邊監視的管

寫滿罪名的布幡隨風搖曳。

理員一眼沒說話，做妻子的知道怎麼回事了。她收起憤怒，反倒責罵先生爲何如此不小心，不會好好照顧自己，讓獄中長官操心。走時還不停向長官道謝，感激大人對先生的照顧！

向迫害你的人感恩，卑微地忍受著邪惡踐踏自己的人性尊嚴，只求獄中的先生不要再次受到迫害！我幼稚地想像，這是人世間最深沉的苦難。

即便處在綠島監獄呈現苦難及壓迫的空間中，仍思索不出什麼樣的政權能夠囚禁獄中人的生命，囚禁窗外人的怨恨！彼時彼刻在平行時空歌舞昇平牆外的我，被獨裁者用無知豢養著，接受思想馴化唱和著「民族的救星」、「反共復國、救同胞」，怎麼能想像白色恐怖時期到底多恐怖。然而，追求正義天光的力量，如同太平洋不停歇的浪，爲那冤屈平反的衝擊，一波波前仆後繼地衝撞，潮水狠狠衝開被綑綁的綠島，也衝擊著我的心靈。

在這台灣島外之島，高牆中的高牆；無法逃避的歷史，無法框限的隱瞞，鋪出了我走在高牆下自由的綠茵。回程上船前，擔心像來時一樣波濤洶湧，和亮吟姐要了顆暈船藥，沒想到全程風平浪靜，回頭隔著玻璃看著綠島，視線漸漸模糊了！島嶼還是很綠，我的心境灰暗！

輯二

社會探針

即使傾倒，大香菇帶來的感動永遠刻骨銘心

我相信你的倒下並不是一個結束，而是另外一段海洋生命篇章的開始。

文、攝影◎陳建志

從綠島的潛友那聽到了一個讓人震驚的消息，位於綠島石朗海域有著千年歲數的大香菇獨立礁（團塊微孔珊瑚），終究不敵莫蘭蒂颱風所帶來的大浪侵襲而頹然倒下。

雖說這是 mother nature 所造成的自然現象，大香菇與居住在它身上的各種生命仍會以不同的方式延續下去，但聽到這個消息後心中仍不免難過，準備入眠時，眼前便不斷地湧上過去數次造訪大香菇時一幕又一幕的畫面！

一九九八年夏天，我一個人帶著一雙 Gull 蛙鞋獨自前往綠島旅行。彼時尚未拿到水肺潛水執照的我，每一天都跟著福寬民宿的阿伯出海浮潛！記得是第二次下石朗潛水區時，阿伯對我說，他看我這幾趟與他一起浮潛的狀況，覺得我的腿力應該還可以，於是便神秘兮兮地說要帶我去離海岸遠一點的地方看一個不得了的巨大珊瑚。當下的我心想，幾天下來石朗與柴口五顏六色的珊瑚是我長大以來所看過最不可思議的自然景象，各形各色的軟硬珊瑚已

經讓我看得眼花撩亂，難道還有什麼更加壯觀的珊瑚在海裡等著我？

於是我跟著阿伯一起踢往離岸較遠的海面，離開了一般觀光客浮潛的海域往較深的海域前進，那天的海流有一些紊亂，但也還不至於到使人吃力的地步。透過面鏡我看到海底下的景色漸次地由茂密的珊瑚礁轉成了開闊的沙地，僅偶而能見到一小叢的礁石出現在海床上，而景色也隨著深度的增加而漸漸變成深邃的藍。一束束陽光穿透海面射往海的深處，射往海裡的光束隨著海面波浪的起伏而呈現明暗的變化，其節奏彷如夜間雷射光束的表演，加上忽而成群乍現的黃尾烏尾冬，一起構成了一幅如夢境般的畫面。

然後，我看到了一個巨大黑影漸漸地出現在深邃的藍海裡……

我抬起頭回望向岸邊，發現此時已經離岸約兩百公尺遠的距離了，待我將頭再埋回海裡往下望去時，眼下的奇景讓我來不及吐出咬著呼吸管的嘴便大聲驚呼了起來：「阿伯啊，這是什麼怪物？是眞的珊瑚嗎？厚！珊瑚怎麼可能長這麼大啦？」阿伯吐出了他口中的呼吸管，嘴裡含著海水驕傲地對我說：「這丢是咱綠島的大香菇啦，嘛是世界尙大的一顆！」

那是一株巨碩無比的硬珊瑚，突兀地聳立在四周都是沙地的海床上。它的頂部距離水面大約有將近十公尺的距離，但此處的海床深度大約已到了二十公尺，換言之，這是一個高度近約三層樓的巨型珊瑚！而它的頂部面積也很嚇人，直徑至少超過了八公尺，表面則呈現一

大香菇獨立礁一景。

種淡淡的鵝黃色。為了更貼近地欣賞它，我和阿伯一齊躬身潛下水踢往珊瑚的頂部一探究竟，隨著距離的接近，我看到了數不清的小魚在它的頂端游動，而微孔珊瑚表面特有的許多隆起狀更說明了這是一株活生生的珊瑚體，此時心中的震撼感也更加的強烈！

回到岸上後，當晚在民宿的客廳和阿伯聊的話題全都是白天時看到的這株大香菇，當下我便決定要趕緊取得水肺潛水的執照，好能在下次來綠島時好好地待在水下仔細地欣賞它。

爾後我陸續又去了十幾趟綠島，只要石朗的海況許可，不管是自由潛水還是水肺潛水，大香菇是我必定造訪的潛點。而每次看到它從深藍的彼端浮現在眼前時的那份感動，從來也不曾有一絲絲的消退。

由於大香菇的體積龐大，它本身便成了多種海洋生物的居所，構成了一個豐富的大香菇生態圈。林務局東管處曾在二〇〇〇年委託國內學者做了一份綠島大香菇的魚類調查，在四個月的連續調查中，總共紀錄了分屬四十科合計兩百二十種魚類出現在大香菇獨立礁的範圍裡，其中甚至包含了鬼蝠魟！

而根據我自己的觀察，在大香菇的頂部開放空間主要是各色的雀鯛群聚，在它的香菇蓋下方則以各種蝶魚為大宗，在香菇中層到底部的各礁石缺口處住著各式各樣的金鱗魚和大眼鯛，在隙縫間則棲息著各種鱸魚、海鰻與石斑。害羞的蓋刺天使魚則偶爾露臉，用牠們那鮮豔的體色來吊足潛水人的胃口。大型的管口魚、鸚哥、粗皮鯛和龍占則總是以優游自在的方式環繞著大香菇巡弋。運氣好時，成群的烏尾冬會像天上飛翔的鳥群般以壯觀的分列式經過大香菇四周。至於環繞著大香菇底部周圍的沙地上則有著各種花母狗、忙碌的山羊魚以及隆頭魚。也就是說在大香菇獨立礁潛一支的氣瓶所能欣賞到的魚類，大概是在其他潛點必須花個三支氣瓶還得外加不停地游動才能欣賞到的總合。

當然，這一切還不包括單單只是欣賞大香菇本身的巨大型體。來此處潛水，不管由哪一個角度，從哪一個深度欣賞它，都能感受到它的分量，張力與渲染力。能見證這一個有著如神木般歲月的生命奇蹟，獨一無二地豎立在我們綠島的海域裡，這份感動是刻骨銘心的！

與大香菇千年的生命相比，我們人類何其渺小？島嶼上的人類在過去數百年裡充滿著各種不同文明的衝突與暴力，小島上還曾有過一段被獨裁者拿來囚禁政治良心犯的的不光彩歷史，而二十世紀以來人類對海洋生態的汙染與過度的漁獵近乎失控，這一切從大香菇漫長的生命角度來看，人類的行爲顯得無比愚蠢。大香菇以千年的時光一分一秒地累積生命的重量，最終成爲一個大海裡的生命奇蹟，而人類則是將大部分的時間消磨在浪費生命的行爲裡。與構成大香菇的微小珊瑚蟲相比，我們人類實著該感到汗顏。

感謝綠島的大香菇在我多年潛水的生涯裡曾帶給我一次又一次豐富的心靈滋養。我相信你的倒下並不是一個結束，而是另外一段海洋生命篇章的開始。即便你倒下，未來我仍會再去綠島探望那躺下來休息的你與你周遭的一切美麗生物！

踩在泥土上的愴然

高唱農村樂以農立國的台灣，如今糧食自給率僅存三成。令人難過的是，至今我們依舊沒有察覺自己離滋養我們基本生存的土地有多遠。

文◎黃育芯

今年氣候異常，從年初異常降雪、春天極寒、夏天極熱，加上豪雨不斷與莫蘭蒂、梅姬颱風接二連三的侵襲，對於務農之家而言是個艱困的年份。

因緣際會拜訪了幾個產地，當中最壯烈的，是碰到過熱的夏天加上豪大雨淹沒，導致果樹轉色不成功的葡萄園；因爲年初下雪導致全軍覆沒的水蜜桃園；溫室被莫蘭蒂颱風吹走的小農場；以及完全無法採收的火龍果園。還有夏天太長而導致菰黑穗菌瞬間變黑的茭白筍、被風災連根拔起而必須重種的葉菜類。

人在台北透過臉書看到農友分享整片泡在水裡的農園，心中燃起欲哭無淚的酸楚，然而令我驚訝的是，農友居然只是將這樣的天災視爲「上天的考驗」，沒有太多沮喪跟抱怨，甚至很誠懇地向消費者致歉，表達沒貨可出的實況。秉持這種態度的並非單一個案，而是上述受災的每一位農民，此外，這些農民都朝有機、無毒、友善環境努力著，已經承受多年看不到回收的成本重擔。

再多觀察他們幾天，發現他們忙著幫果園排水，整頓一片狼藉的農場，因爲一點點延遲，受損的可不是眼前，而是明年收成能否極泰來。所以，農民們哪有時間怨天尤人？

忍不住問：「災情如此慘重，農家如何賴以爲生？」得到的答案是：「沒問題，因爲大家其實都還有另一份主要維生的工作。」心裡更悵然了。

過去常常聽到電子新貴創業之初也是身兼數職，有的爲了節省開銷，還利用自家車庫、地下室研究、開發，經過幾年奮鬥，成功者大有人在，甚至晉升億萬富翁；但環顧立足在台灣土地上，也是身兼數職且努力農作的有志之士，這樣的功成名就有可能在他們身上發生嗎？抑或這樣的理想只是純粹滿足良心需求，獲得社會道德性的掌聲，代價是默默承受天災人禍以及沉重的經濟壓力？

自一九六〇綠色革命以來，化肥、農藥、農作機具等農業科技逐步進入台灣大大小小農家，這個看似充滿產業升級的改變，一開始的確節省許多人力、物力，但也漸漸讓農家喪失育種、耕作、防治病蟲害、維持地力等等能力，於是大企業、大財團掌握農作關鍵技術，農民們在農耕專業上等於全面繳械。接著，鋪天蓋地的全球貿易自由化，「小農」不敵大面積機器化生產的「大農」，政府又一面倒地扶植科技產業，農地不斷變成工業用地、建地，生產農產品不再是國家政策主流，甚至也不是國民賴以爲生的職業主流，高唱農村樂以農立國的台灣，如今糧食自給率僅存三成。

令人難過的是，至今我們依舊沒有察覺自己離滋養我們基本生存的土地有多遠。當異常降雪、颱風侵襲時，新聞畫面傳來的景象對我們而言彷彿是另一個世界的事情，大多數人只在乎有沒有放假、菜價有沒有上漲，對於全軍覆沒的農損似乎沒有任何危機意識。此外，大眾被商業行銷長期教育，導致對於農作的要求僅停留在「漂亮就等於好」的視覺階段，對於誠實、友善農作的農友還是吝於給予肯定或支持；抑或，我們對農作的知識太過淺短，根本不清楚什麼是好蔬果、什麼是壞蔬果——我們總能接受百萬名車開五年後就必須開始維修、幾萬塊的手機只能用兩年……，對於源自友善農作蔬果的蟲咬傷痕或不起眼的外貌，卻常常一點點也不能包容。

聽完、看完每位致力有機、友善環境農作的農民，雲淡風輕地陳述他們的果園、農場所承受的種種災害，心裡總是替他們難過，卻又覺得這份難過太過微不足道，除非全民有共識急起直追佚失的食農知識，並且透過實際消費、親身參與改變現況，否則我們永遠不會知道這些農民所堅持的一切多麼珍貴。當然，總有一天我們會徹頭徹尾感受到重要性，只是當那一天來臨，「糧食危機」帶來的衝擊，恐怕已經超出大家所能負荷的程度、爲時已晚。

新政府應有明確的國家語言政策

文、圖◎LI Thoi-yen & TAN Eng-jiu

從民族發展的角度而言，台灣的國家語言不只是台語，而應該是「灣語」，這個詞是包括原住民族語、客家語、台語、漢語（華語）的集合名詞。

語言多樣化是世界各國的趨勢，因爲世界上大多數國家是「多民族國家」，即使日本也不例外。近年來，日本北海道的原住民族愛努族相當重視其民族語言及文化發展，日本官方也於二〇一六年六月組成政策考察團來台拜會台灣的原住民族委員會，希望汲取台灣的原住民族政策經驗，推動該國「國立愛努民族博物館」的設立。二〇〇八年，日本國會開始承認愛努族爲日本的原住民族，官方統計目前愛努族人口約兩萬五千人，然而，預估現今只有不到五%的愛努族能流利使用愛努語。愛努語是不折不扣的「瀕危語言（endangered language）」。

反觀台灣的狀況，以民族組成而言，一般稱爲四大「族群」：原住民族、客家人、福佬人（Holo lâng）、外省人。多民族的特徵通常反映在台灣的語言教育上，二〇〇一年民進黨第一次執政時，教育部實施的《九年一貫課程綱要》，直到現今即將上路的《十二年國民基本教育課程綱要》，語文學習領域始終包含「國語文」及「本土語文」兩大類，而「本土語文」又分爲「原住民族語文」、「客家語文」、「閩南語文（台語文）」三類，其中原住民族語文又再細分爲十六族四十二種話，最爲多元。其中，「國語文」的多樣性最低，但從語言使用的角度來看，「本土語文」的語言活力卻是最弱的，原住民族語言更是聯合國教科文組織認定的「瀕危語言」。

在中央部會方面，有爲原住民族設置原住民族委員會，爲客家人設置客家委員會，這兩個部會無非是爲了解決弱勢民族問題，尤其以推展其民族語言爲主要目的。畢竟語言一旦死亡，民族將不復存在，民族文化更難以延續。

語言政策是民族政策的一環。民族／族群發展的核心，就是語言。政府自一九九七年憲法增修條文明訂「國家肯定多元文化」以來，雖有心因應多民族的問題，不過，這二十年來仍舊缺乏一套明確的國家語言政策。

過去的國民黨政府，認爲台灣人就是中華民族的一部分，將台灣的本土語言都視爲中國語的「方言」，自然不重視本土語言的發展，此等以中華民族爲思考的單一民族教育下，導致多數台灣人認爲方言的消失是理所當然的。直到二〇〇〇年台灣首次政黨輪替，政府爲強化本土教育（早期稱爲鄉土教育），將本土語言納入學校教育體制，本土語言的

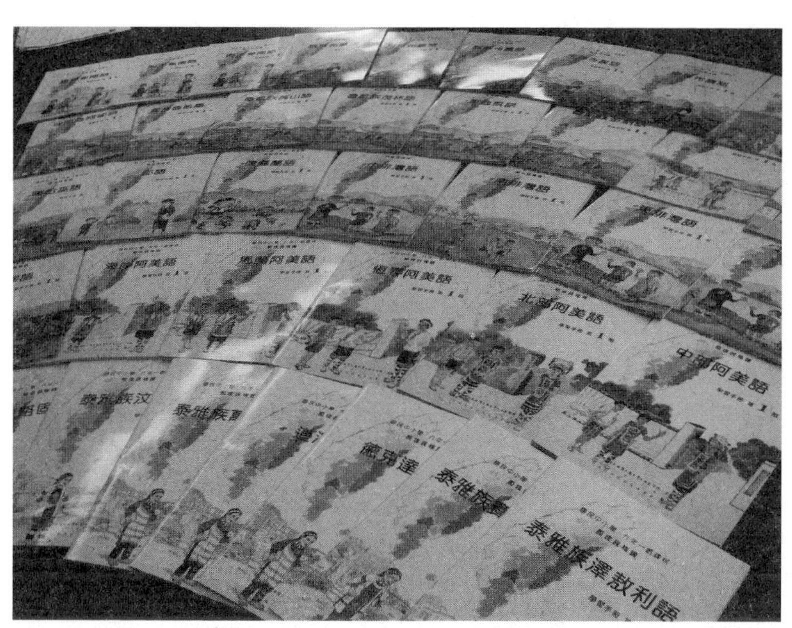

原住民族語九階教材。

地位才開始有所改善。然而，二〇〇八年馬英九上台之後，表面上雖然維持這項施政，但是本土語言一旦想要有更好的發展，國民黨及反對本土語言者動輒以「挑撥族群」或「台語沙文主義」等標籤加以打壓，這樣的情況直到最近，新政府上台之後，在國家語言政策上仍然未見改善。

《國家語言發展法》草案從二〇〇八年起就躺在立法院至今，日前民進黨立委管碧玲提出審查擬訂，要求承認本國各族群使用的自然語言，都被認可是國家語言，卻遭國民黨立法院黨團書記長林德福批評是「操弄族群」的舉動。管碧玲反駁，此舉是要平等對待多元族群，並搶救瀕臨滅絕的語言，同時舉印度為例，印度除了主體的印地語和通行的英語之外，憲法表定的官方語言就有二十二種。印度過去也有語言衝突，但為了促進民族平等而選擇尊重差異。

持反對態度者，認為《國家語言發展法》可能阻礙「國語（漢語）」的發展，甚至影響「國語（漢語）」的地位。也有許多人擔心，本土語言若得到發展，那國語怎麼辦？國人將如何溝通？會不會影響國家團結？其實，這些都是多慮的，「國語／國家語言」是否一定要單數？可以參考歐盟及紐西蘭怎麼做，歐盟成員國的語言高達二十四種，在多語翻譯上挹注相當大量的資源，歐盟支持語言的多樣性，沒有人認為單一語言是正常的，歐盟甚至提倡其民眾使用多語言，鼓勵他們在本國本族語言之外至少學會兩種語言；紐西蘭的

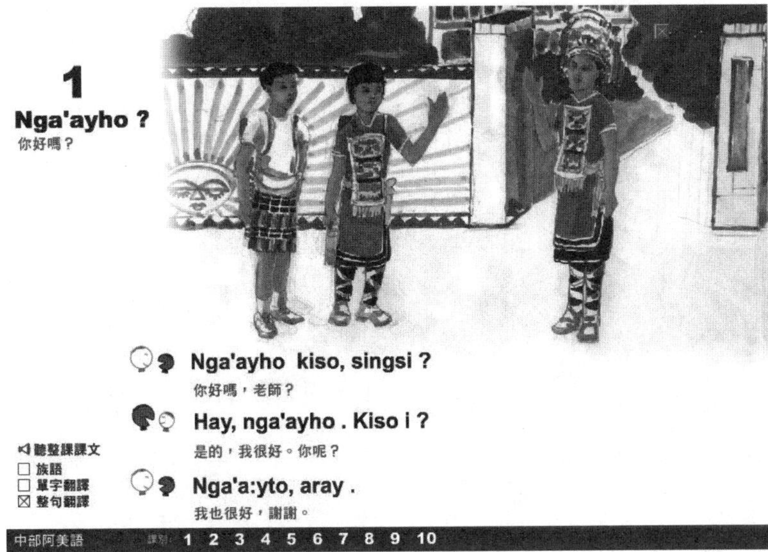
1
Nga'ayho ?
你好嗎？
Nga'ayho kiso, singsi ?
你好嗎，老師？
Hay, nga'ayho . Kiso i ?
是的，我很好。你呢？
Nga'a:yto, aray .
我也很好，謝謝。
聽整課課文
☐ 族語
☐ 單字翻譯
☒ 整句翻譯
中部阿美語
課別 1 2 3 4 5 6 7 8 9 10

中部阿美族有聲課本。

原住民族語言毛利語，在一九八七年就被制定爲「官方語言」，而不影響英語做爲該國通行語言的使用，紐西蘭的國歌使用兩種語言來唱：毛利語及英語。毛利語和台灣原住民族語言具有同源關係，同屬南島語系，毛利族努力爭取語言地位，藉由民族運動復振式微的族語，成爲各國仿效的對象；台灣原住民族語言也在爭取語言地位，最近更在族語文字化的基礎之上努力書寫，試圖發展族語文學，但在本土語言及文化保存與否的口水戰當中，往往遭到淹沒。其實，台灣原住民族語言教育及教學，經常是外國的原住民族／少數民族語言教育學者來到台灣取經借鏡的對象。《原住民族語言發展法》也在二〇一七年六月正式通過，肯認台灣原住民族語言是國家語言。積極地復振原住民族語言，爲時不晚，只欠策略。

認眞面對國內的多元民族現況，讓各民族語言獲得發展，促使本土語文教育的眞正落實，是新政府解決民族問題及語言問題的最佳策略。在本土語言面臨存亡危機之時，應盡早提出具體而明確的國家語言政策，尤其是原住民族語言，亟待設法搶救，因爲原住民族大多已經意識到，民族發展的首要之務，就是先讓語言得到發展。

政大名譽教授林修澈早在二十年前即已指出，從民族發展的角度而言，台灣的國家語言不只是台語，而應該是「灣語」，這個詞是包括原住民族語、客家語、台語、漢語（華語）的集合名詞。運用「灣語」的理念，包容多元並促進各族的語言發展，參照世界各國的多語言政策與執行策略，從國民的語言教育著手，建構一個多元共榮的國家，是新政府應積極努力的方向。

論國家財政改革之道
——基層公務員額減半，退休俸減為五十五%

台灣的基層公務體系裡冗員實在太多，舉鄉鎮市公所爲例，其領薪人員比實際所需的員額足足多出一倍以上，這是我由親身經歷所得到的結論。

文◎陳予心

一九九三年我從省屬單位轉調地方鄉公所當民政課長，一直到二〇〇五年，因新任鄉長上任，認爲我無功於他的當選，我才自請卸任。

當課長伊始，我實在感到非常的不習慣、不自在，因爲鄉公所的員工大家好像都在混時度日，過一天算一天。經我深入觀察瞭解，發現課裡編制人員每天眞正用在辦公的時間平均不到三小時，也就是說根本沒有太多工作可做，或者大家都只求矇混過關了事。男性職員比較坐不住，往往在所裡走動找人閒聊，或到隔壁國民黨地方黨部（民眾服務站）、鄉民代表會等處去泡茶聊天，要不然就偷溜出去辦私事。課裡的正式職員書寫公文，難得看到幾件是寫得既通順可讀、又貼切達意的，大家似乎都無心求進步，更不要說求表現了。這些現象在在顯示，整個單位鬆鬆垮垮、冗員太多。更不像話的是，鄉長爲酬庸競選功臣，又在課裡安插了四名額外的女性臨時雇員，囑我分配工作給她們做。心想，我課裡的編制職員都閒得沒什麼事情可做了，還要我分配什麼工作呢？最後只好把她們都擺在服務台當花瓶，免得她們呆在課裡影響同仁辦公情緒。

接著，當我進行了解屬於外勤性質的村幹事業務，以及他們的實際工作情形時，發現那才更是不可思議。當時的村幹事似乎沒什麼非即刻去做不可的工作。二十一位村幹事每天早上到公所來簽個到，之後大部分時間都在外蹓躂，或找村長、閒人、國民黨幹部泡茶聊天，要不然就回家去做個人副業，每天眞正用在村里服務的時間平均不到兩小時。

一九九六年之後，政府因應社會變遷，必須一再強化社會服務和社會救濟業務，而且我也開始對各村辦公室實施經常性的業務督導，結果，這些村幹事因爲長久懶散慣了，一旦稍有業務壓力，就紛紛報請退休或請調他職。

在這個青黃不接的時刻，適逢一位想要有所作爲的新鄉長上任，且剛好課裡又有九位女性保育員參加基層特考獲得錄取，於是我就把民政課的人事和業務興革意見向新任鄉長提出詳細報告，建議他選用七位新科女性職員來遞補村幹事職缺，讓每人擔當三個村辦公室的業務，以及課裡不再續用莫須有的臨時雇員。非常難得，兩項建議他都欣然表示贊同。

這樣一來，光是民政課就馬上裁減了十四個村幹事員額和四個臨時雇員。我衷心相信「事在人爲，天助自助者」這句箴言，在我細心規劃和耐心輔導之下，每一位女性村幹事，雖然工作不輕鬆，卻都幹得有聲有色，博得了各村村民和村長的一致肯定，同時以前的村幹事也都被她們比了下去，而絕少被人懷念。清一色女性村幹事的上任，再加上鄉長的整體政績表現，讓鄉民對於新任鄉長所主持的鄉政有了耳目一新的感覺，直接、間接都幫他打好連任的基礎，而這位開明正派的鄉長也果然實至名歸，一舉連任成功。

由於本鄉村幹事的人事改革成功，鄰近的好幾個鄉鎮市也都紛紛仿傚本鄉的做法，大量刪減村里幹事的員額，同時也都盡量啓用新進女性職員來擔任村里幹事，因而大大提高了村里辦公室的業務績效。本鄉村幹事的人事改革，表面上看來是一名女性村幹事抵上三名男性村幹事，其實可以說一個抵上五個，因爲男性村幹事任職時期，村里辦公室的業務量只有後來的二分之一左右。

幾十年來的男性村幹事們，上班如休假一般悠閒，退休之後又每月領取五、六萬元的終身退休俸，確實非常不合天理；而其他公務員，包括我本人，工作情形也不言可喻。所以我主張台灣基層公務員的編制員額必須裁減五成，而且所有退休公務員，包括我自己，其退休俸只能唯一領取國際標準，也就是所得替代率一律以在職平均薪資的五十五%爲準，並將十八%優利存款制即刻廢除。唯有這樣大刀闊斧的改革，才是對未來世代的公平處置，也是對國家整體的負責做法。

「高級外省人們」的心理診斷報告

站在「心理人」的角度，說嘴一下郭冠英們是怎麼變成高級外省人的，他們之所以自認為「高級」，僅是不理性地藉由認知扭曲來維護其正向自我觀。

文◎韓貴香

四月中，一位有才氣的女作家自殺身亡，台灣媒體聚焦討論，各種觀點充斥在電子媒介上。這其中，最引人側目和嘩然的，應該就屬郭冠英力挺男主角陳星的發言。除了一些以范蘭欽為筆名的文章，如「台巴子要專政」公然主張中國血洗台灣之外，郭冠英最引起台灣人普遍反感的，應該是他以「高級外省人」對比「台巴子」的言論。雖然他後來曾解釋，所謂的高級外省人是一種自我調侃式的說法，但這種將生活在台灣的人民粗暴地區分為高級外省人vs.台巴子背後的心理過程，其實頗值得玩味和分析。

當然，郭冠英會成為郭冠英，其成長期間的家庭教育、環境以及交往的人，都有一定的影響，如果僅僅是分析郭冠英這個人，我實在是一點興趣也沒有，但如果郭冠英代表的是台灣社會中的高級外省人現象，那自然就值得花點時間來說說嘴，因為這樣或許有助於理解台灣的外省人在「心態上」是怎麼成爲高級外省人的。

先來講講郭冠英成爲高級外省人第一個可能的心理歷程。心理學有個概念叫「認知失調」，意思是當我們的行爲和我們的自我概念不相符，特別是違反我們認知裡的正向自我觀，例如我是善良、理性、有正義感等等的一個人，我們就會經歷一種內在的不舒適感，這種不舒服的感受具有動機性的效果，讓我們必須想辦法消除之。郭冠英所以會自命「高級」，很可能就是出於認知失調後的效果。

若就自我概念來看，由郭冠英在陳星處於過街老鼠，人人喊打的狀態，還肯「奮勇」跳出來爲其開脫，我們可以合理假設，他應該自認爲是一個很有「正義感」的人，雖然他判斷正義的邏輯，例如「陳星是個好人，因爲他和張安樂站在一起合照」以及「性侵沒被捉到就合法」的論述，在觀點上和我們不太一樣。依認知失調理論來看，一個自覺有正義感的人，如果意識到他本身正在做出不正義的事，自然就可能經歷不舒服的感受。爲方便說明，這裡我們姑且就用社會資源的分配來舉例好了，（僅僅是舉例喔，我可沒有眞的說他強佔別人的東西喔。）比方說郭冠英可以分到很多的社會資源，而這些資源其實應該是屬於其他能力不比他差、付出不比他少的人。也就是說，當郭冠英意識到自己正在強佔別人的東西，而此和他公平正義的自我認知相衝突，此自然會產生愧疚感。

根據認知失調的概念，郭冠英可以有三種方法來降低這種愧疚的失調感，第一種是改變行爲，也就是認錯；坦然理性地面對我過去掠奪別人資源的錯誤，並要求重新公平分配。我們都知道有錯認錯，理性是解決問題最好的方法。可惜的是，人心啊，想也知道這是最不被採取的策略，郭冠英自然也不做此想，不然豈不早就世界大同。第二種可能的方式是放棄公平正義的認知；郭冠英可以坦蕩蕩地掠奪所有的社會資源，因爲這本就是一個弱肉強食的世界，哪有正義和公理可言。這個策略比認錯並改變行爲要容易一點，不過很明顯，此也並不是郭冠英所採取的策略，由他跳出來爲陳星叫屈，覺得他受了不公平的對待，可知郭冠英心中是有「正義公理」的概念的。最後一種降低失調的可能策略是，行爲既然已經做了，便宜都佔了，那就修改一下認知，讓心中正義公理的認知和霸佔資源的行爲得以相容。怎麼樣修正呢？有句話叫「因爲我值得」！想像自己比別人優秀、比別人值得，是最直接快速的方法。也因此，我比較優秀、比較高級，就成了郭冠英最好的藉口。

如果我們將郭冠英的概念放大到郭冠英「們」，思考社會上的某個族群長時間欺負並掠奪其他族群的資源時，「相對優越」在某種程度上，的確可以辯證該族群不公義的行爲。既然我們比較優秀，那貶抑另一邊的人就成了必然會發生的結果。由認知失調延伸的「富蘭克林效應」講的就是這樣的效果。

富蘭克林效應是指：「即使我們沒有特別喜歡某個人，但如果我們自願去幫助這個人，之後我們會比較喜歡這個人。」理由是我們應該都自認爲是理性和有正義感的好人，好人不會和壞人爲伍，因此，我心甘情願去幫助的人自然也不會是壞人，既然不是壞人，那就是好人囉。身爲好人的我，當然喜歡被我幫助的好人。反過來說，如果沒有什麼原因，我們就傷害了某個人，一開始我們可能會有點罪惡感，但日久之後，我們會貶抑這個人。理由是一樣的，因爲我們是理性有正義感的好人，當然不會無端欺負和傷害別人，所以如果我對某個人不好，那一定是那個人有問題。

美國知名的社會心理家阿朗森（Elliot Aronson）提到，有一次他家需要粉刷，找來的油漆工人是個非常溫文儒雅的越戰退伍軍人，閒來沒事他們聊著聊著就聊到美國打越戰這件事。油漆工人覺得美國加入越戰是爲了維護世界的民主制度，但阿朗森認爲越戰是一場可怕又骯髒的戰爭，因爲美國在越戰中殘害太多無辜的生命，包括老人、女人和小孩。聽完阿朗森的抗議，這位溫文儒雅的油漆工人微笑地對著他說：「嗨，博士，那些人不是人，那些人是越南人，他們是下等人（gooks）。」有沒有覺得很熟悉，這位油漆工人對越南人的論調和郭冠英們貶抑台灣人的「台巴子」差不多是一樣的。阿朗森後來發現這位油漆工人在越戰中曾經傷害過無辜的越南人，雖然一開始覺得罪惡感，但認知失調的效應很快地就幫他找到了合理化的藉口，也就是貶抑這些被自己傷害過的人，說服自己他們本來就「活該」、是次等人，來有效地辯護自己的行爲。

認知失調的觀點和富蘭克林效應，僅能說明郭冠英們如何由愧疚感轉變為貶抑台灣人的心理轉折，但並不足以說明何以高級外省人為何會常常主動攻擊、傷害台巴子，且自以為正義。第二階段的心理歷程，「社會認同理論」可以幫助我們進一步理解這個現象。

這個理論指出，我們的自我價值來自兩方面，對自我的認同以及對團體的認同。自我認同是指我對自己的評價，我能不能肯定自己、欣賞自己，找到自己存在的價值；團體認同則是指我屬於某一個團體，透過這個團體，我可以肯定我自己，找到自己存在的價值。由高級外省人 vs. 台巴子的區分，可以看出群體的分割滿足了郭冠英們戰勝或超越對敵的光榮感，這種團體與團體的對抗，激發了團體成員我們一體（we-ness）的感受，當我們產生團體優越感的時候，我們就是對的，是正義的一方。既然我們是正義的一方，那別人聽我們的、認同我們，當然就是應該的。也因此，強迫別人接受我們的價值觀，就成了一種內在心理需求和必然反應，因為我們比較優秀。當不優秀的一方竟敢出現反抗或反擊，那當然是要消除之，除了因為我們是正義的一方，更因為他們傷害了我們高級外省人無瑕的優越感。

再強調一次，我並沒有太大興趣解析郭冠英這個人，因為他不值得我犧牲喝咖啡和發呆的時間；不過看到這一陣子的網路和政論節目，竟然爭相採訪轉述他對於才女作家之死的評論，心中實在有太多的圈圈和叉叉。因此，姑且浪費點喝咖啡的時間和停止發呆，站在「心理人」的角度，說嘴一下郭冠英們是怎麼變成高級外省人的，只要了解他們之所以自認爲「高級」，其實僅是不理性地藉由認知扭曲來維護其正向自我觀，或許就不必那麼憤怒了。

從「八百壯士」看台灣的「軍官問題」

基於四十年的軍職和公職閱歷，我認爲軍官、民官的問題差不多，就是一個「混」字加上「迎神容易，送神難」而已。

文◎陳予心

最近社會對國軍的「軍官荒」、「陸軍官校降分錄取」、及「軍官心理疾病」問題的討論甚囂塵上。有一位現職陸軍少校拋文表示，有心人士蓄意牽扯的「民眾仇軍」現象和「將官月退俸汙名化」，根本無中生有；廣大民眾所仇視的只是這些「投共退將」，所要求的是「即刻取銷投共退將的月退俸」，對象非常清楚。當前國軍的問題在於「守舊和拒絕改變的制度沉痾」和「滅台心態的裁減兵員」，唯有「建立與時俱進的良好制度，即刻停止人員精簡，恢復強大國軍」，使國軍各級成員徹底明白「國軍是爲保衛台灣的獨立自主、民主自由、和經濟繁榮」，使每一位官士兵都能「信心滿滿，明白願景，清楚任務，熟練專長，同仇敵愾」。

筆者當了二十年軍官，於一九八八年退伍，以高考及格再任公職二十年，現已退休五年。基於四十年的軍職和公職閱歷，我認爲軍官、民官的問題差不多，就是一個「混」字加上「迎神容易，送神難」而已。

剛出道的年輕軍官、民官，原本滿懷壯志想要大展鴻圖一番，卻看到周遭大家都在混日子，過一天算一天。即使你表現一板一眼，想要影響大家向上，有些老鳥就會酸你一句：「看你還跟眞的一樣耶？」日子久了，少數自尊心強、壯志不泯、憂國憂民，卻無力扭轉乾坤者，覺得這樣下去實在違背自己良心，無以面對親朋國人，就設法趕緊離職或裝病退伍。有些自我責任心重而無法解脫者，甚至不惜自殘身亡。但問題是，絕大多數最後都屈服於人性、隨波逐流，要混大家一起混，因而越混越凶，這就是今天軍、民官場邪惡角落的寫照。

台灣早期的所謂黃埔軍官，固然也有眞正優秀的人才，但像是眼前「八百壯士」之類的人物，說白了，大部分都是從初高中時期就開始混，不好好讀書，大專聯考無法錄取，不得不走往入門寬廣的軍校。如果說這些人也有一點特長，就是及早認清自己的學能本錢，願意忍受紀律比較嚴格的軍事教育；也比一般人及早認知社會生存之道，很快學會厚黑絕學，還特別懂得對上阿諛奉承。這些人因爲挺著「黃埔」的名號、勢力，在軍中升官都比較優先。以致於才十幾、二十年沒見面，昔日初高中時的資庸阿斗，竟然肩上都已經掛滿了梅花，甚至綻放了星星。當年的資優秀才反而頓時感到錯亂，且因不明究竟，還得對他們刮目相看，而美其名爲「行行出狀元」。

我們在軍中長期近距離觀察這些「八百壯士」一類的黃埔人，只看見他們什麼也不行、什麼也不學、什麼也不是，每天光是軍服畢挺，頭髮梳整，皮鞋超亮，光是一張嘴在下達命令或轉達指示。其實軍中大小事情，都是那些吃癟吃到底的「專修班」軍官在做，但在各級長官面前，功績、升遷、福利卻都被此類黃埔人包辦。

在過去警備總部所屬單位中，我服務過的那個地區司令部裡，四十歲左右的校級軍官當中，有一位樣貌長得還蠻像回事的此類黃埔人，大家都知道他是個不學無術的混混，正事不能幹或不想幹，經常不在他處長的位子上，每天頻頻跑到別的處室去找主管哈啦，要不然就到長官面前去阿諛取悅一番。處裡相當繁重的警備業務，都是那八、九位專修班軍官在做，夜間辦公室裡經常到了凌晨還燈火通明，他自己則早已躲到處長寢室裡去休息了。結果，我們看著這位仁兄在十年左右的期間，就從中校一路往上升到中將，而其他幹得死去活來的專修班軍官，連上校都升不上去。最可憐的是他在警備處長任內的那位中校副處長，能力學養各方面都比處長優秀得多，到頭來卻連上校處長都輪不到，還在一次警備任務中，因軍車故障下車指揮交通，不幸在高速公路上被撞成重傷，下半身癱瘓成殘，終生只能坐輪椅進出。軍中對這樣苦幹實幹的優秀幹部，實在是太不公平了。

這位快速升到中將的黃埔人，在當少將副司令時，我們十幾位台籍軍官和充員戰士，都親眼看到一位倒霉的台籍充員戰士被他處罰的情形。這位戰士在走廊上遇見他，嚇得來不及整理儀容就對他舉手敬禮，還忘了要大聲喊：「副司令好！」這下他竟然就揪住那位戰士的衣領，瞪著凶眼，使勁往走廊牆壁撞擊好幾下，簡直就是在耍軍中高級流氓的派頭。這個人平常對中校階級以下的官兵，還跩得從來不屑正眼一顧，當然我們認定他根本就是「心虛見不得人」！

如此這般的一號人物，以中將官階退伍之後，每月領取十幾萬元的退休俸，讓他吃吃喝喝玩樂過一輩子。我們台灣人一向寬大為懷、不與計較，那也就算了，但是問題並未完了；更可惡的一面是，他還跟著其他同類「退將」，經常跑到中國去「親共媚匪」。他們把蔣經國總統逝世前還一再叮囑對匪「不接觸，不談判，不妥協」，全都丟到糞坑裡了。台灣政府眞的拿這樣的「八百壯士」沒辦法嗎？

這批退將不斷地赴中國去親敵、投敵，還高喊「中國解放軍和台灣軍都是中國軍」，嚴重打擊國軍官兵的勇猛士氣，模糊整體國軍的敵情觀念和保防警覺，造成國軍不知為何而戰，並鼓動許多青壯軍官從事匪諜活動，這才是台灣「軍官問題」的癥結所在！

要是回到兩蔣時代，這些所謂的「八百壯士」，我看早就不見屍骨了。現在他們肆無忌憚地擺出「你奈我何」，分明是仗著共匪的勢力來脅迫自己的政府！身為台灣人民，我們也要堅決向新政府表達我們的強烈意見：政府處理類此莠民敗將的辦法其實很簡單，以前警總所經常實施的「一清、二清、三清」專案，就是用來處理這類「八百壯士」，最恰當不過的辦法了！

從田中實加與海倫清桃談台灣人的身分認知

文◎金守民

很多台灣人用幽默的方式來回憶家裡「差不多」是日本人而又不完全是的那個時代：「『信雄』伯父以前是『藤本桑』，而現在是台糖退休、整天看股市的歐吉桑。」

我上大學的時候，有一位遠親正在度過人生低潮期，有一天她跟我說：「我不只有台灣人的血統。我爸爸是養子，祖父是當年在台灣的日本貴族，跟當地女生有了婚外情，生下了我爸爸。他拋棄嬰兒後，回到日本去了。」當我跟媽媽提起這位表姊編造的故事時，我媽媽想了一下，說：「也有可能哦，她從小長的很可愛像日本娃娃一樣。誰知道啊，她爸爸也都不知道自己的親生父母是誰，誰都不能證明她不是日本人的後代。」

田中實加和海倫清桃身分造假事件絕對不是二位人生中光榮的時刻，我跟社會大眾一樣認爲她們的行爲不道德，有觸法之處應該得到懲罰。不過道德觀與法律責任以外，這兩位人物有意思的是，她們製造出來的故事都關於台灣人的血統與身分認同：兩位女性是台灣血統

「混」了異國血統，讓台灣人認同她們，爲事業在台灣打出一片天。事實揭發以前，大多數人欣然接受她們的故事，似乎在她們的角色扮演上（台日混血兒、台越混血兒）看到歷史演變，不同族群和統治階級在這塊土地上的故事。

文學與文化研究上，這兩位的行爲叫「創造自我」（self-invention），希望能夠脫離背景約束和傳統限制來過自己想要的生活，並扮演傑出、有地位的角色，所以很多人有「塑造自我」的念頭和行爲。只是大多數人會注意不要觸法，避免道德上譴責。正因爲想要脫離先天條件的限制，所以在意自己家庭背景和族群歷史與傳統。中國的陳世美故事就是在描述主角在自我創造的過程中爲了要塑造背景而犯的罪惡：「考上狀元，從平民成爲駙馬，把已婚的背景改成未婚。」

想要掌握命運的人「不認命」，想要扭轉它，說服自己「眞的」命運要比現狀好。貧窮家庭成長的好學生希望當醫生、賺大錢，大大超越父母的成就。西方的童話故事裡，老農夫的兒子從小一心想當騎士，長大成名之後遇到國王，國王看到他好像看到二十年前鏡子裡的自己，才知道主角是國王年輕時風流生下的王子。這種童話中，「脫離卑微」代表著回到自己「眞正高尙」的背景。

台灣人尋根，知道自己從哪來，了解自己以建立在這塊土地上的地位。只是，眾多族群在這塊土地上經營，多是「外來政權」，台灣人如何在追求自主的過程中，撇開祖先們那一代所認同的殖民、統治者意識呢？我認爲，與其焦慮我們會認同歷史上的不公不義，不如自由地探討台灣多元歷史、面對不同族群在台灣土地上的故事。

雖然台灣人回到中國尋根的不少，不過我認識的台灣人普遍不看中國的祖譜，而是推測祖先從哪裡來，爲什麼他們家現在在台灣。從家裡長輩流傳的故事、姓氏，在地方發展的故事、宗親常見的相貌等，推測自己祖先與族群。很多台灣人認爲他們有原住民血統、有的認爲在中國的某個祖先可能是哪一朝代的皇帝、有人認鄭成功爲祖先，有人是清朝某位大臣。我小時候有位長輩跟我講，他的捲髮碧眼是遺傳幾百年前一位荷蘭的女祖先，他家裡傳下來的故事是：「她嫁給台灣富豪，整天吸鴉片過日子。」從歐洲人、漢人開拓台灣，原住民族群在台灣的文化習俗，到台灣被納爲清帝國的邊緣，再來成爲日本殖民地，到一九四九年國民黨來台，台灣人很容易推測有異國或異族的祖先。

台灣經歷不同外來政權，很多我父母這一代的人有日本名字。老實說，要是他沒有參選台北市長，我可以想像柯文哲跟朋友自稱爲「青山文哲」的時候，人家會認同他的幽默感而笑一笑，甚至會覺得這姓名蠻酷的。很多台灣人用幽默的方式來回憶家裡「差不多」是日本人而又不完全是的那個時代：「『信雄』伯父以前是『藤本桑』，而現在是台糖退休、整天看股市的歐吉桑。」身分不只會改變，而且通常是組合體：外省、客家、河洛、日本。

如新聞報導所說，「灣生」故事早有許多優秀歷史工作者研究，大眾先前對此事沒有很大興趣，是田中實加《灣生回家》這本書喚起了關注。也就是說，在田中實加以前，台灣人沒有投注認同感給曾在這片土地生活又回鄉的這些日本人，也沒有感情上的連結。直到有位台灣人是灣生後代說著灣生故事，再來的紀錄片讓觀眾看到一群日本人對台灣的情感，親身參與台灣歷史的一部分，跟很多台灣人一樣，認同本土——戰後當時希望可以塑造自己爲台灣本地人，不用回日本，繼續留在這塊土地上。

田中實加是虛構人物，而海倫清桃「台越混血兒」則是編造出來的，這個角色其實是她和先生的下一代：假如他們有位女兒，她就是台越混血兒，可以讀景美女中，去美國深造，再回台灣當藝人，而且嫁入豪門。「下一代」因爲身上流了台灣人的血液，會被台灣人認同。大多數人會認命，拚命栽培下一代，當星媽星爸來達到替代的事業成就感。但是夫妻倆不認命，創造自我的過程中種下了自毀的謊言。

「創造自我」不可能從無中生有，需要一個基礎來塑造自己。一般而言從認同祖先開始來論述自己；沒有祖先的，像我的遠親，會自己編造祖先、或從長輩說法來推測。通過血緣，從自己身上「混的血液」，我們建立跟這塊土地的關係，連結過去來堅固自我。幾百年前從中國來的河洛族群，很多人認爲自己有原住民祖先，從歷史工作者那裡可以推測，當初無法帶眷屬過台灣海峽，要成家就是娶當地女性。這種想法加強了本來是移民族群的後代，對本地人的認同與身爲本地人的概念。

台灣整體社會，從解嚴以來，不止息地探討這塊土地，正是在尋找具有台灣人精神的祖先，認同蔣渭水、林獻堂、廖文毅、彭明敏，還有莫那魯道、八田與一、馬偕、湯德章、殷海光、傅正……，爲台灣奉獻及付出的先輩們，來自不同國家、族群，他們非常愛台灣，在此爲理想與成就打拚。我們對外來政權的厭惡，嚮往公平正義，追求創意、人權、法治與自主精神，以他們爲典範而來，他們的作爲在祝福這塊土地，是我們創造台灣國、建立多元家園的精神支柱。

有合法的執法　人權才能有保障

員警是依法執勤或是隨意盤查，其所造成的結果可是天差地別的，前者符合《警察職權行使法》的立法精神，後者則容易造成警察濫權。

文◎張勝源

日前，客委會主委李永得穿著夾腳拖鞋到台北轉運站內購物時，遭五、六名員警盤查，要求他出示證件，讓他氣得在社群網站上痛批「台北市何時變警察國家」。此一事件隨即在台灣各媒體、網路平台上引發熱烈的討論，究竟警察可不可以在路上隨機向路人進行盤查。

說起來其實有點悲哀，在台灣號稱已進入民主法治國家的現在，對於「警察是否可以對人民進行盤查」這個議題還能吵得沸沸揚揚，可見我們的人權、法治觀念還停留在「未開發中國家」之列。

分享一則筆者在去年遇過的類似經驗。

通常在餐廳打烊後，我會將店內一些碎雞肉帶走餵養住家附近的流浪狗。那天晚上在路邊停妥機車後，狗狗如往常一般搖著尾巴開心地朝我走來。將雞肉倒入乾淨的碗中，我會在一旁等待狗狗用餐完畢後把碗收走，以保持環境的整潔。

沒多久，兩輛警用機車在我前方約五公尺處停下，兩位穿著制服的員警朝我走了過來。

警A：「在這裡做什麼？可以借看一下身分證嗎？」

我：「我在餵流浪狗，怎麼了嗎？」

警A：「你身分證拿出來我看一下就好。」

我：「如果你覺得我有犯罪嫌疑或有影響公共安全疑慮的話，我跟你們回警察局做正式筆錄好了，因爲根據『大法官五三五號釋憲文』和《警察職權行使法》，我沒理由給你看身分證。」

警A（有點不耐煩）：「那你報身分證號碼給我。」

我：「我還是跟你去警察局，你們再慢慢調查我好了，如何？」

警B走近我（有點凶）：「你的態度有必要這樣嗎？」說完還上下打量我一番。

我：「我從跟你們講話開始，既沒大聲咆哮，又沒說辱罵字眼，我有問必答，只是根據『大法官五三五號釋憲文』和《警察職權行使法》，目前的狀況你們沒有權利要求我給你們看身分證，這是我的權利，我只是在進行法律所保障我的權利而已。況且我還願意跟你們回警局配合調查，這樣的態度，爲什麼你們還認爲我態度很差呢？」

這個時候，我拿起手機「假裝」進行側錄。爲什麼是「假裝」呢？因爲剛在等狗用餐時，覺得手機鈍鈍的，於是重新開機……被警察「苦苦相逼」的時刻還沒完成開機啊！

警A：「正常人都會乖乖拿出證件給警察看……」

我：「你要小心你的用詞，你的意思是說我不正常嗎？有點公然侮辱的嫌疑了喔！那這樣好了，你們如果還是認爲你們有權利要求我拿證件給你們看，而我拒絕配合，那你們乾脆就用妨礙公務辦我好了，我可以跟你們去警察局喔！」

此時警B又更趨前一步，用幾乎快碰到我身體怒瞪著我。

我清楚這是警察慣用手法，想藉此激怒我，讓我產生「失誤」，好找理由可以處理我。

就這樣大約僵持三十秒後，警A對警B說：「算了啦，走了！」警A轉身騎上機車。

警B（有點恐嚇的語氣）：「不然你現在想怎樣？」

我（有點緊張但故作鎮定）：「我？警察的法治觀念不能等呀，我想跟你們回警局接受調查，以維護警務人員的尊嚴啊！」天啊，當下我好佩服自己可以一口氣說完這句話。

接著，警察A又再一次命令警察B離開，於是兩人在臉上掛著心不甘情不願的表情下騎車離開了。

我並不反對警察對人民進行臨檢，但必須在法律的規範下進行，因爲《警察職權行使法》開宗明義就寫得很清楚，警察在執行公務時，是不可以侵犯到人民權益、破壞公共秩序以及損害社會安全的。員警是依法執勤或是隨意盤查，其所造成的結果可是天差地別的，前者符合《警察職權行使法》的立法精神，後者則容易造成警察濫權，對人民進行濫捕、濫搜、窺探隱私或淪爲挾怨報復的手段等等，種種侵害人權的惡果。

很高興我那時的堅持沒讓兩位員警做出違法的行爲。對於台灣警察爲維護治安的努力，我表示肯定並全力支持與感謝，但另一方面，絕對反對警察濫權「違法盤查」。假設不幸遇到違法濫權的警員，請鼓起勇氣，務必主張權益、保護自己，當場依《警察職權行使法》第二十九條規定及內政部網站所公告的，向違法濫權的員警要求塡具「警察行使職權民眾異議紀錄表」，以維護身爲民主法治國家人民應有的人權。

賭一個可能性

文◎劉育辰

投下公投票，不管贊成或反對都是表達意見的機會，而每個意見是同等重要，這就是法治社會的精神所在。

二〇〇九年，澎湖大街小巷上充斥著許多布條與文宣，其中印象最深刻是一條掛在學校對面寺廟圍牆上的布條，上面寫著「我是澎湖人，我支持賭場」，多少可以被議論的事情就用簡單兩句沒有關聯的話帶過，然後大剌剌在學校正門對面隨風飄揚，儼然一齣超現實的鬧劇。爾後參加台灣營隊，別校學生總是有意無意問到自己立場，不懂事的我總說賭場會帶來許多問題，才發現對於這個議題探討不夠透徹，除了道德理由以外幾乎沒有可以反駁的點，還暗暗自責了一陣子。

二〇一六年，澎湖舉行第二次博弈公投，在大家吵著年金改革、不當黨產、種種上街活動下，顯得黯淡無光，這篇文章想說說自己的看法。

一、法源合理性

法治社會，一切講究的就是體制，博弈公投依照《離島建設條例》增修第十條之二：「開放離島設置觀光賭場，應依公民投票法先辦理地方性公民投票，其公民投票案投票結果，應經有效投票數超過二分之一同意，投票人數不受縣（市）投票權人總數二分之一以上之限制。」

跟全國性的公投比起來門檻低很多，當初這條修正案一出來即被視爲是便利促賭方的條例，因爲比的並非絕對多數而是相對多數，今天即便多了一票贊成，那公投案就是過了。在我看來這十分不合理，公投目的在於取得居民共識，那投票率不到一半的公投具有代表性嗎？以澎湖選委會二〇〇九年博弈公投投票率爲四二・一六%；再來，依據《公民投票法》第十一條：「前項撤回之提案，自撤回之日起，原提案人於三年內不得就同一事項重行提出之。」所以才會有第二次的博弈公投，照著法規走完全沒問題，但對反賭方是否公平？今天《離島建設條例》十之二只有說設置離島應先舉辦投票，那廢除呢？隻字不提，這個就是我困惑的地方，如果贊成方可以推動博弈公投，那爲什麼反對方不能推動反賭公投呢？然而惡法亦法，沒有規則就沒有遊戲，只希望假如這次又擋了下來，立法院的各位大德可以稍稍把規則修改得公平一點。

二、賭場的必要性與可取代性

根據澎湖縣選舉委員會〈澎選一字第1053150197號〉公告，推動方的理由主要集中在澎湖縣府財政不足、工作機會不多、資金不願意投資這三大項目上面，認爲賭場背後的財團可以帶來鉅額資金挹注縣府，將基礎建設做好並提供大量工作機會，同時不忘再強調這也許是最後機會。我認爲，靠財團挹注資金最後一定會牽扯到利益問題，企業家如果不是做慈善，那每一分錢必定花得有價值，君不見，台灣繳稅大財團們每次喊說要出走，政府就得被迫回應？那我們怎麼能保證一旦有了這個稅收，眞的花在我們身上？再來提供工作機會，對於博弈產業相關職缺，現在學校有辦法可以提供這麼大量的人才嗎？假如賭場炒高的是房價與物價，而在台灣工作的澎湖人們想回賭場找份工作，結果發現自己只能做些粗活而且物價水準跟台北差不多，那這個估算的錯誤該算在誰頭上？

另外，贊成方認爲澎湖的風光明媚，度假區加上當地文化必定能創造無限商機（贊成方說明書第二點），這便牽扯到究竟是以文化爲主體還是度假區爲主體的問題，今天文化取向的遊客不會因爲少了幾家頂級度假區就不來，而以度假區爲取向的遊客不見得非得選擇澎湖做爲旅行地點，也許說就是因爲澎湖太特別，增添度假區可以吸引高級客群，假若眞的是如此，也將是以文化爲本。就目前看來，對於在地文化保存似乎不是這麼回事，天后宮便是一個很壯烈的例子。

最後，周遭的澳門、新加坡、韓國濟州島有專門賭場，我們要怎麼吸引到縣府意見書裡頭所說的一年三百萬人觀光客，讓我對這張支票保持著懷疑的態度，更別說交通、生活用水電與垃圾處理等，給當地帶來的問題。

三、資源分配性

在同一份公告裡頭，縣府在意見書中提到引進大財團以及度假村之後會造成排擠當地商家效應，縣府對策是「建立起低利或優惠貸款給在地之中小企業，提供專業訓練，補助及獎勵辦法」，擔心遊客待在度假村不出來？沒關係，「遊客商機應配套流通至馬公市區及其他鄉內，不能造成壟斷市場致本地業者收益減失，促使共享經濟效益。」以及「如何將觀光特區附設博弈娛樂業商場售貨與在地小型企業主經營商品切割；或協調規劃小型企業主進駐博弈園區；及加強觀光旅遊路線開發，降低觀光客因沉迷博弈而減少其他旅遊消費；或藉由觀光特區附設博弈娛樂業經營整合行銷澎湖，都是可思考配套的方式。」以上皆出自於縣府的意見書，可見縣府並非只是一股腦地配合推動公投，同時也做了社經衝擊初步評估與對策。但是有規則的地方就有漏洞，如何判斷所貸與企業是意見書中所說對象，也就是在地中小企業，在交叉持股或是成立空頭公司之後，業主是誰往往無從辨別，資金來源是財團繳交的稅款，最後又透過低利貸款方式流回財團手上，一切不過就是個形式而已。

再來，關於打造配套行程，我相信若賭場通過，團客依然居多，那配套行程勢必掌握在旅行社手上，這個景象是否似曾相似？與開放陸客自由行一樣，從旅客上飛機那刻起，就通通都是中資旅行社一條龍式包辦，包括去的店家都會由其來安排，而在地商家有辦法吸引到顧客？我想也只能自求多福。

最後協調商家進駐園區，關於比例、租金、保證年限等等，都尚未列入意見書中，或許會覺得我杞人憂天，但若公投眞的通過，這將會是下一個決戰重點，如果縣府財源泰半仰賴度假村業者的稅金，其中還不包含政治獻金的部分，那麼縣府究竟能在這件事上展現多大的決心，便是値得讓人擔憂的。

下面一段我想談談除了賭場之外，是否還有其他的路可以通行？這幾年反對賭場勢力一直被抨擊的點在於無法提出具體有效的措施扭轉人口外流及半年經濟的問題，以下是我認爲澎湖以後發展的幾個可能性。

一、文化再發現

從國外的經驗來看，尤其歐洲，最貴的飯店往往不是最新五星級飯店，而是有故事的飯店，爲什麼？原因在於歷史事件是無法再次發生，而設備則是可以汰換的。這當然不是說把順承門或天后宮改建飯店，我想表達的是，我們可以試著去重新了解這塊土地上發生過的事，累積成爲文化財，再透過包裝與行銷的方式將澎湖推廣出去。從古到今的食衣住行育樂，做爲古代海上必經之路的澎湖有太多可以被敘述的故事，但是觀光旅遊的既定印象，在流行歌〈外婆的澎湖灣〉、偶像劇《海豚灣戀人》之後，澎湖意象就被鎖在藍天白雲、沙灘仙人掌，如此冬天沒人來也是滿正常的。在開發文化財的同時，勢必會將人重新連繫起來，除了累積這些資本，更重要的是能讓下一代了解澎湖——自己的家鄉，而不單單只是一個放假可以回來度假的地方。像我本身在大學時讀到有關於澎湖的文章，赫然發現太武村以前是台灣民主國與日軍交戰的一個古戰場，才驚覺對於自己的故鄉認識並不多，如果我們能培養出熟識故鄉的下一代，回澎湖打拚的人也會更多一些吧！

二、生態再復育

網路上流傳著一句話：「台灣只有海鮮文化，沒有海洋文化。」海洋生態維護著實不容易，這個議題牽涉到經濟學中所謂「公共財的悲歌」（The tragedy of the commons），像是今年發生馬糞海膽與海龜事件就是很切身的例子，所以大膽建議可以將附近重點海域劃分成幾塊區域，將使用的權利外包出去給廠商，同時將年限設長遠一些，也許這會讓人覺得也是在圖利廠商或財團，同時壓迫到當地漁民的生計；我認爲，現今縣府管理模式是公平競爭，季節到了就開放採收，時間到了再來限制漁民，然而在這種情況下，每個漁民爲了追求更多的獲利，想盡辦法比別人早開採，同時還要開採的比別人多，假如海膽明天就絕種，那我今天一定要抓到最後一顆，因爲牠肯定最貴，如此一來生態自然遭受嚴重的破壞；然而，若我們交由一個廠商，讓他來全權處理，其在考量使用方式的同時必定會把未來海域生態狀況考慮進去，因爲他將要靠這片海域生活許久，將外部成本內部化進而達到永續利用的目的，另外標售出去的權利金也可以做爲縣府財政上助益。至於原來的漁民則是可以透過合約的方式成爲廠商僱員，在永續發展的海域中爲生活打拚。

三、創新再融合

隨著澎湖外籍新娘與移工人數越來越多，當兩種文化接觸之後一定會產生某些程度上的融合，這點在食物上應該表現的最明顯，在我們想盡辦法無法突破之時，這些新住民將會是很有力的助手。將新的人納入創新環節之中常常是改變的關鍵，此舉不但能爲我們帶來更多的火花，同時能將新住民融入我們的生活，可說是一舉兩得。而對於整個產業，或甚至說是伴手禮產業，只要能多創造一樣新的特產，就會是一項新的契機，畢竟現在網路與交通如此發達，運送與廣告早已不是問題了，缺乏的總是產品與品牌。

四、低碳、文創、慢活、再體驗

低碳島其實是推行許久的政策，但我認爲他還未普及到人們內心之中，畢竟我們接受石油之類的便利更加久遠，一時片刻還無法改變，不過這個趨勢是沒錯的，也許是我們沒有用對方式，透過平面設計、APP或是商品化，讓大家或甚至是在地民眾感受到，低碳慢活不再只是一個口號、裝太陽能板、換台電動車而已，而是一種生活態度，一種能讓人驕傲的精神，不必學其他繁華的大都市為了發展犧牲了許多，我們有我們的美。

五、養老園區

如果說年輕人不斷外流是個嚴重的問題，那我們反其道而行，把老人家都拉進來如何？以交通來看，透過飛機往返台灣並非難事，假如將長者安置在澎湖的養老園區，子女們來探望之餘還可以旅遊，至於冬天氣候問題則是硬體設備可以解決的。根據行政院估計，民國一一四年後台灣即將進入超高齡社會，也就是六十五歲以上人口佔總人口的二〇％，這是個危機，也是個轉機，蔡英文政府當初競選政見也包含著長期照護這部分，假如我們一樣引進財團，將澎湖打造成養老島，那是否也是一種做法？所帶來的效益不見得會比賭場來得差，同時也將提供大量的工作機會，而造成的外部成本也不如賭場那樣的多。

簡單做個結論，現在社會上已經充斥太多情緒性的言論，在人人都有發話權的情況下，其實就如同沒有一樣，接受資訊的我們一定得經過消化與思考，以上是我某天騎車在中華路上看到電視看板標語而有感而發的一些想法，我不期待這篇文章可以完全被接受，也承認思慮一定有不周的地方，而我的目的只有兩個：一是博弈不是唯一的路，也不一定行不通，但一定要考量到後果才行。投下公投票，不管贊成或是反對都是表達你意見的機會，而每個意見是同等重要，這就是法治社會的精神所在。

讓道場也是眾生萬物的生存福地

文、圖◎張勝源

海藏寺供奉著台灣第二尊肉身菩薩清嚴法師，寺外對聯：「不愁無廟，只愁無道」，此八字箴言意思是說廟不需要多華麗、多豪華，也不需要執著於某個好風水，重要的是有沒有「道」，只要有「道」，任何地方都是廟。

台灣是個寶島，擁有令人讚嘆壯闊富饒的美景，恬靜樸實的自然風光，常不禁讓人流連忘返、不捨歸去。不過，曾幾何時，只要到美麗的風景區走一遭，映入眼簾的，不僅僅有好山好水好風光，還會看到好多廟宇。這些寺院宮廟的建築，有的金碧輝煌，有的傳統雅致，但不論如何，它們完全與山光水色方鑿圓枘，甚至讓人有煞風景的突兀感。

近日，某知名宗教組織不顧環保團體的抗議，仍決意想在東北角海岸天然林中進行「宗教文化園區」的開發工程。爲了讓此案能順利通過環評，該宗教組織做出「不得有放生、殺生、餵食等滋擾野生動物、砍伐原有植物及引進外來種動植物的行爲，且規劃相關教育宣導作業。」的承諾，最終也如他們所願，環評小組做出了建議，並通過此開發案的環評初審。

這是多麼令人難過又灰心的消息啊。該宗教組織所作的承諾，根本無益於當地原始生態的保護，說穿了，不過是個無意義的空話。

首先，「不殺生」這項承諾，是絕對辦不到的。邏輯上來說，「不殺生」這個理由根本站不住腳，具體來說，人類在維持基本生存的過程中，不可能達到眞正的「不殺生」。即便是素食者所食用的蔬菜水果，其種植過程中的翻土、犁田以及病蟲害防治等必要措施，皆會造成不少生物的死亡，更何況要在藍腹鷴、穿山甲、食蟹獴等保育等級爲珍貴稀有的生物棲地內開發「宗教文化園區」，這勢必將造成生態環境嚴重的衝擊。難不成會天眞地認爲如此的大興土木，不會造成任何生命的傷亡嗎？除此之外，某些物種也許於施工當下沒有直接受到傷害，但其棲息地遭受破壞後，將來的存續必然受到重大影響，這與殺之無異呀！

再者，砍伐樹木、墾土掘地並不符合佛教的戒律精神，《佛遺教經》：「汝等比丘，於我滅後，當尊重珍敬波羅提木叉，如闇遇明，貧人得寶。當知此則是汝等大師，若我住世，無異此也。」波羅提木叉（Pratimokṣa）爲梵文，是佛陀爲出家眾制定的規定，或稱學處，以現代的意思是解釋爲戒律。佛陀表示當祂辭世之後，出家人要把「戒律」視爲老師，戒律所禁止的行爲，持戒的出家人就不准做，緊接著在這部經書提到：「持淨戒者，不得販賣貿易，安置田宅，畜養人民、奴婢、畜生；一切種植及諸財寶，皆當遠離，如避火阬；不得斬伐草木，墾土掘地。」由此得知，佛陀早在二千多年前，就已經明白開示持戒的出家人不可以有的三種行爲，而「斬伐草木，墾土掘地」則是其中的一種。

從法鼓山釋常願法師、釋聖嚴法師所言：「佛戒比丘不可砍伐草木，是因低級的鬼神，依草附木，以草木爲庇護，爲了慈悲鬼神，不使鬼神生瞋，故不去破壞其居處，並非爲了草木不可殺的理由。」不砍伐草木，不墾土掘地，講白了就是爲了慈悲。在宗教的層次上，可以對看不見又摸不著的鬼神發大慈悲心，那在實際的環保生態上，難道不應該對大自然的生命多起些慈悲心嗎？一旦大型機具進入天然林施作開發工程，必定造成許多長期在此繁衍、棲息的珍貴物種小命不保，還有賴以維生的天然環境，也將通通被破壞殆盡呀！佛陀如果知道，要蓋一座可以祭拜祂的建築物，是建立在讓許多無辜性命殞落的基礎上，祂會如何看待這樣的「功德」呢？

二〇一〇年在日本舉辦的「生物多樣性公約大會」中，與會專家曾提出警訊：全球生物多樣性持續流失，地球生態系已達急遽惡化崩潰的臨界點。此外，根據《科學發展》雜誌第五〇一期中的報導，台灣的陸地面積雖然只佔全球的〇．〇二七％，但擁有的物種數量卻高達三．八％，是全球平均值的一百五十倍。像這樣在生物多樣性持續嚴重流失的大時代裡，我們有幸身處於物種數量豐富的美麗環境中，那不是更應該積極去愛護、保護台灣這塊土地上的天然資源，避免讓每個開發案蠶食鯨吞掉島上每一個珍貴的生命嗎？

倘若必須得蓋廟、興建道場或教堂，筆者倒有個兼具環保與慈悲的構想，就是充分活化現有的閒置空間。台灣各地還有不少閒置的建築物，大多仍然堅固又耐用，只是因時代的變遷，當初使用目的消失，便荒廢在那裡，非常可惜。今年有個宗教活化閒置空間成功的例子：天主教嘉義教區決定把閒置二十多年的老舊「達仁學生宿舍」，進行拉皮整修後，煥然一新成爲「天主教嘉義教區辦事處」，持續提供當地居民全方位的服務。

位於碧潭的海藏寺供奉著台灣第二尊肉身菩薩清嚴法師，寺外對聯：「不愁無廟，只愁無道」，此八字箴言意思是說廟不需要多華麗、多豪華，也不需要執著於某個好風水，重要的是有沒有「道」，只要有「道」，任何地方都是廟；沒有「道」，任何富麗堂皇的廟，都只是貪戀世間名聞利養、享受舒適安樂的地方而已。好好善用這些閒置空間，將這些廢棄的建物用來推廣宗教的教義、教化人心、勸人向善等用途，不用再砍樹、掘地破壞寶貴的大自然環境，還可以省下不少信徒所捐贈的辛苦錢，又可以博得愛護地球、保護環境的美名。身爲佛教徒的筆者，懇求宗教領袖們高抬貴手，對於開發請再三思，再三思。

治標不治本的「零撲殺」是福還是禍

文◎張勝源

除了印度是因爲宗教緣故而不撲殺流浪動物之外，我們台灣，是當今世界唯一用法律規定全面零撲殺的國家唷！

今年二月四日「零撲殺」政策正式上路，這是台灣在動保政策上的重大進展。之所以會推行零撲殺政策，起因於一部紀錄片《十二夜》震撼了全台，讓許多民眾紛紛要求刪除《動保法》中「經通知或公告逾十二日而無人認領、認養或無適當之處置，得以宰殺」的規定。在強大動保聲浪與民意的壓力下，立委們也樂於配合，於二〇一五年一月二十三日完成了修法。

雖然「零撲殺」是關心流浪動物朋友們所期盼的終極目標，不過，要在動物福利能被確保的前提下實施，才是眞正負責任的態度，而這必須搭配一些相關配套措施才能夠辦得到。例如，日本是個撲殺流浪動物數量非常高的國家，但日本的熊本市卻希望能達到零撲殺的目標。爲了這個目標，熊本市花了十年的時間做足準備，規劃出一套完整的配套措施來控制源頭數量、改善收容環境、強化收容動物的健康狀態來提高民眾認養意願，以及加強生命教育觀念後，才循序漸進地達成零撲殺的目標。反觀我國修法後僅有兩年的政策緩衝期，竟奢望可以達到熊本市需要努力十年才有的成果。

在客觀條件不成熟，再加上民粹式的倉促修法情況下，「零撲殺」的正式上路，身爲主管機關的農委會，順理成章地成爲千夫所指的對象。但說句公道話，農委會可是一開始就反對這樣貿然地實行「零撲殺」呀。當時提案的立委在報上說，當初在修法討論時，農委會曾強烈反對該項提案，認爲會導致收容所貓狗暴增。筆者雖然厭惡官僚顢頇的公務體系，但覺得現在要農委會承受全部的責難，並不公平，難道當初不顧專業意見，堅持一步到位修法的立委沒有責任嗎？

此外，從民間動保團體針對全台收容所的調查報告得知，當全台都在爲零撲殺做準備的同時，有些地方收容所仍然採取消極的態度，甚至有嚴重違反《公立收容所處所管理規則》的情形，例如屏東與澎湖的收容所，就是被許多動保團體視爲極不友善的收容所。這兩間收容所有許多重大缺失一直沒改善，包括沒做好分籠作業，常導致動物的傷病或死亡、沒有提供收容動物資料卡可供查詢、食物及飲水不足、拒絕民間志工協助等等，澎湖縣政府甚至還不允許推行TNR呢。所謂「上有政策，下有對策。」這就是在相關配套措施都尚未完全落實的條件下，貿然推行的後果，最後遭殃的，恐怕是原本修法想要保護的動物們。

建議立法院亡羊補牢，趕緊將相關配套措施一同入法，讓全國各地能夠一體遵循適用，例如寵物晶片強制登記、寵物普查制度化、精準地捕捉以減低收容量、全面進行TNVR（誘捕、絕育、疫苗施打、回置）、加強打擊非法繁殖場等等這些能有效控制源頭的措施，再輔以仿效德國《養狗法》（Hundegesetz）中對於飼主的資格與義務、繁殖場的控管、寵物的取得限制等規定，從上而下打造一個眞正可以解決流浪動物問題的環境，如此，相信「零撲殺」才不會是流浪動物們另一個苦難的開始。

眞正的動物福利是確保動物們生活的品質與生命的尊嚴，而非理盲式的延長牠們的呼吸時間。沒有完善規劃下的零撲殺，只會讓流浪動物們從一個煉獄掉進另一個更慘的深淵，就連當初感動了全台的紀錄片《十二夜》的導演 Raye 也自責說：「我是不是害了在收容所的毛小孩？」她希望所有的貓狗都能夠有尊嚴地活著，但配套措施不足的「零安樂」，則讓她相當擔憂。因此，我們應該思考，究竟替流浪動物們爭取到實質的福利重要，還是政客們博得虛假的動保美名重要？對了，順便提一個小常識，如果排除掉印度是因爲宗教緣故而不撲殺流浪動物之外，我們台灣，是當今世界唯一用法律規定全面零撲殺的國家唷！

日你英九
都一樣啦！
報告習總.您忘.了
我是一中政策的
英九嗎？怎麼連我也打？
TAIWAN ROC
Nicolaschiou 2016

英九蒙羞／邱顯洵

國民黨隊／邱顯洵

能撈就撈／邱顯洵

法西斯的天堂與地獄／邱顯洵

國民黨紅十字／邱顯洵

低智商的父親
生下IQ157的
兒子在醫學上是
可能的！
NO!
Hello! Daddy～
IQ15.7
郝
IQ 157
FARGLORY
DOME
TAIPEI
Nicolaschiou
SEP.2016

血濃於水／邱顯洵

恐龍法官／邱顯洵

Mr. Xi 請等一下再說……
我玩轟炸敘利亞的
GAME快好了！
世界上只有一個中國，
台灣BLA BLA……
Nicolaschiou 2017

川習沒共識／邱顯洵

輯三

政治透視

建立專屬台灣人民的人權雙十節
——「一百行動聯盟」廢除「刑法第一百條」的抗爭二十五週年

文◎蘇瑞鏘

吾人應提倡一百行動聯盟發起廢除刑法第一百條以爭取言論自由的抗爭故事，以此做爲專屬台灣人民的人權雙十節，取代國民黨的革命雙十節。

今天所謂的「雙十國慶」日，源自國民黨所宣稱的「武昌起義」日（一九一一年十月十日）。然就史實觀之，「武昌起義」對中華民國取代大清帝國並無必然的因果關係（袁世凱北洋派的影響力可能更大），更與當時已在日本統治下的台灣人民杳不相涉。然而，一九四五年以後，此一建構於中國的國慶日，卻飄洋過海成了台灣的國慶日。更諷刺的是，一九四九年以後，在中國的土地上，「雙十國慶」已被「十一國慶」取代而成絕響；反倒是台灣人民至今還在慶祝「雙十國慶」，即使兩度取代國民黨執政的民進黨政府亦不例外。

久經國民黨洗腦的台灣人民，多對「雙十國慶」的歷史典故倒背如流；然對台灣二十五年前（一九九一年）的十月十日，由一百行動聯盟發起廢除刑法第一百條以爭取言論自由的抗爭故事，卻相當陌生，這只能說是國民黨的「去台灣化」與「中國（國民黨）化」教育太過成功有以致之。二十五年後的今天，吾人應提倡以此做爲專屬台灣人民的人權雙十節，取代國民黨的革命雙十節。在此之前，先來認識一百行動聯盟發起廢除刑法第一百條的抗爭史。

一、刑法第一百條與言論叛亂

《中華民國憲法》第十一條明定：「人民有言論、講學、著作及出版之自由」，主要在保障人民能將內心的意見形諸於外的言論自由。然而，在戰後漫長的強人威權統治時期，台灣人民的言論自由卻常遭國民黨當局鉗制。而當局鉗制言論自由的利器之一，乃是刑法第一百條（制定於一九三五年）。

刑法第一百條的內容規定：「意圖破壞國體，竊據國土，或以非法之方法變更國憲，顚覆政府，而著手實行者」，便觸犯普通內亂罪，即便只有言論主張而無暴力行爲。然而，該法條僅規定「破壞國體」等四個主觀不法意圖，而未提及客觀行爲要件。亦即是說，究竟要做出何種行爲才算「著手實行」內亂，該法條未有明文規定。一九四九年當局又制定《懲治叛亂條例》，加重觸犯刑法第一百條者的刑責（其違法要件仍規範於刑法第一百條當中），導致白色恐怖肅殺的政治氛圍長期籠罩台灣。

台灣在白色恐怖時期，因觸犯刑法第一百條的「言論叛亂」案件甚多，一九六四年彭明敏等人的「台灣人民自救宣言案」、一九六八年柏楊的「大力水手案」皆是顯例。即使一九八七年解除戒嚴、乃至一九九一年終止動員戡亂之後，這類「言論叛亂」案件仍持續發生，一九九一年的「獨台會案」即爲一例。直到一九九二年刑法第一百條被修正爲「意圖破壞國體，竊據國土，或以非法之方法變更國憲，顚覆政府，而以強暴或脅迫著手實行者」（增加「以強暴或脅迫」六字），台灣才不再出現「言論叛亂」案件，白色恐怖遂逐漸走入歷史。

廢除刑法第一百條，乃是長久以來眾多關心人權的有志之士所共同促成。其中，成立於一九九一年九月、接著在十月以「反閱兵、廢惡法」的行動衝擊國民黨當局的一百行動聯盟，即是最具代表性的團體。

二、一百行動聯盟的緣起與發展

一九九一年五月九日，調查局以參與史明的獨立台灣會（獨台會）爲由，逮捕了陳正然、廖偉程、王秀惠、林銀福等四人，引發社會譁然。其後民進黨黨團在立法院提案，而於五月十七日廢除了《懲治叛亂條例》。然當天獨台會四名涉案人雖獲交保，卻仍被提起公訴，並可能被依刑法第一百條加以懲處。此外，在這前後，陳婉眞、郭倍宏、李應元等政治異議人士陸續被當局以刑法第一百條起訴或判刑。上述情勢的發展讓許多人意識到，必須廢除刑法第一百條才能落實基本人權的保障，這些都是一百行動聯盟成立的重要背景。

該年九月八日的「公民投票進入聯合國大遊行」，則是該聯盟成立的近因。當日抗議民眾與警方僵持不下，台大經濟系教授陳師孟建議主辦單位先行解散群眾；若是十月十日前上述異議人士仍未被釋放，雙十閱兵再來抗爭，群眾遂逐漸散去。因此，待遊行結束，陳師孟便開始思考未來可能的行動方向。

九月十五日，陳師孟與廖宜恩等十餘人在紫藤廬商議，決定以「反閱兵、廢惡法」做爲行動的訴求，所謂的惡法即是指刑法第一百條。九月十八日召開發起人會議，由陳師孟擔任召集人，參與者包括李鎭源（中央研究院院士）、林山田（台大法律系教授）、陳永興（關渡療養院院長）、陳傳岳（比較法學會理事長）、張忠棟（台大歷史系教授）、楊啓壽（基督教長老教會總會總幹事）、廖宜恩（興大應數系教授）、蔡同榮（公民投票促進會會長）、鍾肇政（客家人公共事務協會理事長）、瞿海源（台大社會系教授）等人。九月二十一日，這個由廖宜恩教授所命名的一百行動聯盟正式成立。

往後的二十天當中，該聯盟除了在各地舉辦說明會與連署活動，也積極拜會朝野黨團。

此外，該聯盟也與宋楚瑜等國民黨要員當面溝通；原本雙方於十月六日達成「使用非暴力方式實現和平政治主張之行爲，不構成刑法之內亂罪」的協議，然時任行政院長的郝柏村卻斷然拒絕。

十月八日上午，該聯盟核心成員評估時勢的發展，一度有意停止反閱兵活動。然在十月八日中午，若干聯盟成員於總統府閱兵台前演練「愛與非暴力」的行動時，卻遭到憲兵毆打；因此，該聯盟決定採取抗議行動。十月九日，約有八百人在台大醫學院基礎醫學大樓前靜坐抗議。十月十日凌晨，警方開始對現場群眾進行暴力驅離。

反閱兵行動結束後，該聯盟透過各種途徑，持續關注刑法第一百條的問題，以延續該運動的能量。直到一九九二年五月十五日立法院三讀通過刑法第一百條的修正案，隔天該聯盟才以完成階段性任務而宣布解散。

三、一百行動聯盟的特質與定位

在長達半年多的抗爭過程中，一百行動聯盟有許多可貴的特質，如強調「愛與非暴力」的抗爭。然非暴力抗爭必須透過專業訓練才能展現，而非只是一種理念或口號。在這場抗爭當中，曾在加拿大受過非暴力抗爭訓練的牧師林宗正與社會運動者簡錫堦，他們將其所學傳授給聯盟的成員。透過愛與非暴力的抗爭，該聯盟的訴求獲得台灣社會相當程度的肯定，而成功迫使國民黨讓步，該行動也因而被視爲台灣首次展現完美的非暴力抗爭。

此外，該聯盟以知識分子爲主體，又能整合其他團體，也是其成功的重要因素。過去的反對運動多由政治人物所發動，然該次抗爭卻是由學界人士所主導。難得的是，原本學術討論常有歧見的學者，在參與該運動時，立場卻是相當一致。而且，這些成員的出身背景與專業領域各不相同，卻能發揮各自的長處。另外，該聯盟也整合了其他團體，如「萬佛會」、「基督教長老教會」以及「天主教人權關懷小組」等；甚至連運動路線不甚相同的團體（如「台灣建國運動組織」），後來亦與該聯盟合作「分進合擊廢惡法」。

就歷史定位而言，該聯盟發動這場抗爭，之所以能產生巨大的改革能量，主要來自「力」與「理」等兩個面向。在「力」的面向，林山田教授從《懲治叛亂條例》因群眾抗爭而被立法院火速廢止的經過，體悟到「惡法能廢，靠的是力而不是理」、「惡法能廢，不是專業學理的辯論，而是靠群眾運動所形成的壓力」等道理。該聯盟即是透過「反閱兵、廢惡法」的抗爭，展現群眾愛與非暴力的力量，終於促使當局的妥協。

而這場抗爭不僅是群眾「力」的展現，也來自知識上「理」的說服。該聯盟成員當時透過演講、連署、遊說、請願、助選等途徑，積極宣揚廢止刑法第一百條的理念，影響許多民眾乃至部分國民黨的立委。可見這場抗爭，乃是「力」與「理」的完美結合。

經過這次的抗爭，刑法第一百條雖只修而未廢，然修正的結果，對言論的開放、海外黑名單人士的返台、政治犯的釋放等等，皆有極大的影響。如之前因台獨言論遭到起訴的黃華、陳婉眞等人即是在該法修正後獲釋，至今也未見有人再被當局以該法條定罪，鄭南榕所追求的百分之百言論自由庶幾達成。數十年的白色恐怖時代也逐漸走入歷史，台灣的人權保障從此大步邁進。

在強調轉型正義的今天，吾人所要面對過去的國家暴力，不只二二八與白色恐怖而已，還包括長久以來的黨國洗腦教育，國號、國父、國歌、國旗乃至國慶皆爲顯例。在十月十日的今天，提倡以專屬台灣人民的人權雙十節，取代國民黨的革命雙十節，是今日吾輩實現轉型正義所應努力的方向。

國定假日的轉型正義

文◎黃育芯

我們的史觀不能再侷限於淺短的國民黨與民進黨所建構的範圍，歷來奠基者那麼多人的理想與鮮血，實在不容任何私心揮霍。

「國定七天假」吵得沸沸揚揚，新政府主張「不放假、只紀念」，勞工團體則堅持要放假。由於差別只在於放不放假，不加細究的話，大家會以為這只是關於勞工權益、資方成本與選舉支票的拉鋸戰，一旦陷入這樣的淺薄思維，難免就會「明察秋毫而不見輿薪」，疏忽了更深層的爭議——國定假日的轉型正義。

國定七天假有哪七天？元旦隔日、青年節、教師節（孔子誕辰紀念日）、光復節、蔣公誕辰、國父誕辰、行憲紀念日。當行政院記者會指出九二八是孔子誕辰紀念日而非教師節時，已經讓人覺得瞠目，而再後的國父誕辰與行憲紀念也令人難以認同，當然最令人不可思議的，莫過於光復節與蔣公誕辰。今夕何夕，政府還主張台灣被中國人接收叫做「光復」？蔣介石父子獨裁統治台灣半世紀，老蔣的生日要普天同慶？

我們認爲至少這兩個日子既不必放假、更不該紀念！否則高舉「轉型正義」大旗的執政黨，就是喊假的！

若將時間倒退到一九四五年十月二十五日在台北舉行的受降典禮，被殖民帝國剝削的台灣人以爲終於苦盡甘來，沒想到「狗去豬來」，接踵而來的軍事鎮壓引爆了「二二八事件」，並培養出另一個剝削階級。當時台灣許多知識分子、專業菁英、原住民領袖紛紛遭受殃及，連平民老百姓也生活在戒嚴的恐懼之中。要讓這樣的日子繼續成爲所謂的國定假日，執政黨不會覺得精神錯亂嗎？一邊紀念、哀悼二二八受難者，一邊卻又紀念屠殺二二八受難者的加害者，這跟紀念日軍登陸澳底有何不同！

再者，當現代思潮皆在反省獨裁者的濫權造成人權損害、當台灣社會漸漸理解民主而不再對獨裁者盲目膜拜，以「民主進步」爲名的執政黨贏得政權後，居然不察「蔣公誕辰紀念日」的愚民手法，蕭規曹隨地將這一天依舊訂定爲國定假日，眞不知民進黨過去在野時所追求的中心思想與核心價值，是不是淪爲「若爲執政故，民主、自由皆可拋」？有沒有換了位置、換了腦袋？

難道台灣沒有眞正值得成爲國定假日的事件嗎？廢除刑法一百條不值得紀念嗎？台灣宣布解嚴不值得紀念嗎？台灣首次民選總統不值得紀念嗎？如果眞的需要人物做爲國家精神象徵，莫那．魯道、蔣渭水、陳澄波、殷海光等，難道他們的歷史定位會不如獨裁者嗎？

民主不僅僅只是透過政黨輪替來實現，有沒有落實，還要檢視每一次的選舉、每一次的政黨輪替，執政者有沒有誠心誠意做出轉型正義的反省，並且勇敢地進行改革。過去我們猶如西方哲學家柏拉圖所說的，是一群困在洞穴裡的囚徒，被綁住手腳、不能走動也不能轉頭，只能透過背後遠處的光所照射出來的影子，交頭接耳。而今，我們身上的枷鎖逐一卸除了，倘若沒有勇氣走出洞口，一探眞實世界的是非與眞理，那麼得來不易的自由並不能解決問題。當前雷風厲行討黨產可以徹底嗎？全民期盼的司法改革可以落實嗎？抑或「國定七天假」的爭議能夠讓人得到眞正的啓發嗎？大家都在看，問題是執政黨知不知道自己的使命與任務是什麼？

釐清歷史是國家認同的關鍵，台灣史不是從一九四五年國民政府來台之後才有的，從具有一千多年歷史的漢本遺址出土，我們可以追溯台灣南島民族文化的起源；從十六世紀中期葡萄牙、荷蘭稱台灣爲「福爾摩沙」時，當時台灣已經具備完整的社會組織了。我們的史觀不能再侷限於淺短的國民黨與民進黨所建構的範圍，而是該「瞻前」、「顧後」，尤其這一段突破殖民、掠奪、控制的過程，歷來奠基者那麼多人的理想與鮮血，實在不容任何私心揮霍。

呼籲執政黨趕緊回歸初衷，否則，昔日令人感動的「民主進步」，在民眾的檢驗下終究會被識破，最後淪爲笑柄罷了！

台灣版的「厄夜叢林」

文◎鄭麗伶

所謂「中華台北」，說穿了就是一顆陀螺在原點團團轉，卻自詡是一邊轉圈、一邊前進的鴕鳥心態。

日前乍聽到衛福部長林奏延出席世界衛生大會（WHA）的「中華台北」說，以及新科上任蔡政府「稱謂沒被矮化」的阿Q講法，一時之間對台灣的「厄夜叢林」究竟何時才會落幕，有著很深的感觸。

一九九九年發行的《厄夜叢林》（英語原片名：The Blair Witch Project；布萊爾女巫），是一部預算極低但票房創紀錄的美國恐怖片。整部電影用業餘手法拍攝，並以模擬紀錄片的形式來增加眞實感。主題是三位年輕的電影系學生，帶著八天份的糧食和飲水進入「鬧鬼」的叢林，尋找傳說中的布萊爾女巫，打算用十六釐米的攝影機拍攝成紀錄片。在電影的一個場景中，他們徒步走了大半天之後又回到原點時，才發現自己根本是在兜著圈子走。最後學生們陸續神秘失蹤，音訊全無；直到一年後他們的攝影器材被人意外發現後，才交代了學生們悲慘的下場。

電影中主角的不幸也許只是一個懸疑故事，而這樣的場景在許多小說和電影中也很常見；當人們在沙漠或森林中迷失時，幾乎都會走進繞圈子的死胡同，不管再怎麼掙扎、企圖脫困，最終還是發現自己先前走過的足跡而感到絕望。這個現象不只發生在虛構的世界，事實上根據德國心理學家索曼（J. Souman）在二〇〇九年發表的研究報告，一旦人類缺乏外在的線索、而目標定位又不清不楚時，在不熟悉的場景中，不僅無法沿著直線走向終點，而且下場就是繞著圈圈打轉。

索曼博士的論文標題是〈直直地走進圓圈圈〉（Walking Straight into Circles）；論文的初心是爲了研究登山客之間所廣泛流傳的「傳聞」是否屬實：也就是在不熟悉的地理環境中迷路時，人們往往會一直繞著圓圈走而不自覺。實驗的地點採用了兩個南轅北轍的環境：一是位於德國西部的 Bienwald 森林，面積大到可讓實驗者朝固定方向走上好幾個小時，且地形高度的變化很小；另一是撒哈拉沙漠，不僅沒有顯眼的地標，綿延的沙丘還會讓實驗者不容易看到地平線。

索曼的實驗是利用衛星定位系統（GPS）來紀錄所有人的行動軌跡。最終的結論則爲：不論是枝葉濃密的森林還是一望無際的沙漠，當參與者能看到太陽或月亮時，他們可以毫無困難的保持直線路徑；然而，一旦太陽或特定標的消失在陰霾之後，不論怎麼樣的努力，參與者就是會不知不覺開始繞圈圈。

根據索曼的解釋，人類大腦固然能接收和處理許多複雜的訊息，包括視網膜收到的影像、行走時的加速度、轉彎時內耳壓力的變化、甚至於肌肉和骨骼的感覺，所有的意識都會結合一起傳達給大腦，然而這些資訊畢竟都是「相對」的線索，並不能告知行進的方向。也因此，太陽、月亮、或地標就有其必要性，因爲那些才是大腦所需要的「絕對」線索。總之，這個看似很簡單的走直線的行爲，其實是相當複雜的機制，包括各種感官、運動系統、以及大腦認知的相互作用。

但更有意思也很奇特的是，有時即便是「相對」和「絕對」線索都不匱乏，在緊急情況下尤其是生死攸關之際，人們的情緒狀態（如恐慌）和社會因素（團體之間的互動），經常會造成這些線索以及認知的導航策略被忽略。所以人們甚至會輕忽眼前可靠的多重線索，反而盲目地選擇了「直直地走進圓圈圈」。

也就是說，不論是個人、企業、甚至政府或國家，一旦缺乏明確的願景、目標和戰略，原地打轉而不自覺是很常見的後果。而所謂「中華台北」不是矮化台灣一說，說穿了就是一顆陀螺明明在原點團團轉，卻仍自詡是一邊轉圈、一邊前進的鴕鳥心態。

沒錯，台灣爭取國際空間和地位的路途向來坎坷，現實是如此；沒錯，多數國人沒興趣正面挑釁中國，事實也是如此；然而「中華台北」這個不倫不類的稱謂做爲我國參與ＷＨＡ

的正式名稱，畢竟是當年蔣經國在威權時代強加於台灣人民頭上的枷鎖，眞相就是如此。林部長在WHA座前所擺的 Chinese Taipei 這個名牌已經夠刺眼了，各國與會人士也不是不識字，又何苦一再在口頭上把自己往「中華台北」這雙別人給穿的小鞋裡塞？

更何況，「沒有任何一個人該被遺漏」乃是今年世衛大會的主題，台灣代表就應該把台灣人民的「醫療人權」放在制高點，五分鐘內重複個十遍也不爲過。就算要政治正確或甚至狗腿一點，林部長的致詞固然可以感謝「世衛大會」的支持，更該強調我們萬分期待「世衛組織」也同樣重視台灣人民的醫療人權。當蔡總統與林部長一致強調「專業、務實、有貢獻」的三個參與原則時，還有什麼會比替台灣兩千三百萬人的醫療人權發聲來得更加務實？個人以爲台灣對WHA未來的參與原則甚至可以是「人權、人權、再人權」，千萬不要再「謙卑、謙卑、再謙卑」。

過去的八年來，台灣就是繞著馬先生內心的「中國座標」團團轉，不論是政治、經濟、文化或教育，一切都以虛無的「中華」爲標竿。更不幸的是，中國國民黨內最不缺的就是奴才，管他是本土派還是法統派，奴才最會的就是跟著主子一起兜圈子。結果是馬先生帶著這批馬屁精們把台灣拖進了中國的小圈圈內，也對台灣主權一次又一次造成無比的傷害。台灣的「地景」本當是民主世界而不是中國吃人叢林，而當台灣人民已經連續在數次選舉中展現他們的意志，也給了民進黨全面執政的託付時，新政府可千萬別忘了，在明確的願景、目標和戰略下，人民可以毫無困難地保持直線路徑，一旦烏雲蔽日、視野模糊，不論怎麼樣努力前進，「直直走進圓圈圈」似乎是人類難逃的宿命。

「不要再說中華台北啦！台灣就是台灣，我可是有做功課的好嗎？」這是美國職棒大聯盟金鶯教頭休瓦特四年前的公開發言。當年由於陳偉殷效力金鶯隊的因緣，休瓦特成爲台媒的寵兒；在接受媒體訪談時，理直氣壯地要求台灣媒體不要再講「中華台北」混淆視聽了。休瓦特果眞是「有做功課」，已經全面執政的民進黨政府呢？

從江宜樺的反戈看黨國的殘照

新政府撤告太陽花被告，林全認為「太陽花學運是政治事件，非單純法律事件」。江宜樺反戈一擊，扛出「只問政治，不問是非」的大旗。

文◎金恆煒

太陽花運動的屬性到底是政治還是法律？行政院撤告到底有沒有涉及瀆職？這兩個原本都不是問題的問題，之所以變成爭議焦點，全出於已黯然下台的前政府之反彈，是馬朝傾亡後的絕地反攻。問題是，站得住腳嗎？

首先，過氣的前前前院長江宜樺對上寶座還沒有坐熱的行政院長林全。新政府的第一份政治性公文是撤告太陽花學運的一二六名被告：二十三日行政院宣告；二十四日晚上江宜樺立刻寫了文章反擊；接著，五月三十日中國國民黨立委陳學聖向特偵組檢舉林全涉案瀆職罪嫌；中國黨主席洪秀柱馬上跳出來公開聲援陳學聖。這一連串動作，有文攻、有武嚇，馬江陳洪已佈好陣勢，來勢洶洶然。但入了棺的老黨國從墳墓裡爬出來威脅恐嚇，無爪無牙，比空包彈還不如，矇得了誰？

新政府撤告太陽花被告，林全認爲「太陽花學運是政治事件，非單純法律事件」。江宜樺反戈一擊，扛出「只問政治，不問是非」的大旗。有趣的是，江宜樺說：「佔領立法院癱瘓議事時，社會對這個抗議行動感到震驚，但也有一定程度的同情。」不過，他又表示：「太陽花的激進勢力突然攻擊行政院，以暴力方式衝破警方阻絕設施、拆毀辦公大樓門窗，肆意破壞政府公物，這就完全逾越了民主示威遊行的紅線，也違反了理性、和平的原始訴求。」乖乖，江宜樺把攻佔立法院與攻佔行政院打成兩橛，一個用「佔領」立法院，一個用「攻擊」行政院；這種區分有意義嗎？凸顯他辭窮理虧之窘狀。再說，立法院與行政院都是政府機關，難道攻佔立法院，「同情」，攻佔行政院則「逾越紅線」？虧他以前還是所謂政治學者呢。兩套標準的背後，只彰顯江宜樺在不能「自圓」下的「其說」。至於「毀損」公物云云，立法院同樣受損，事後還檢點估算了修繕費，可見「破壞」一也，也可見這是「兩個」佔領下的「共同」現象。畸輕立法院，畸重行政院，拿出來說嘴，不錯亂嗎？

回到問題核心，爲什麼立法院長王金平不提告？江宜樺非提告不可？新院長撤告了，江宜樺爲什麼橫加攻訐？王金平不提告，就是定調太陽花運動爲政治事件，所以不能用法律手段解決；林全的決定與王金平完全一致。到底誰才是「價值混亂」呢？是江宜樺罷。

江宜樺過去全力支持紅衫軍，紅衫軍與太陽花一樣：兩運動同屬政治事件。爲了「脫罪」紅衫軍，江宜樺特別標舉：「紅衫軍反腐敗運動，從頭到尾都依照憲法及法律所賦予的公民集會遊行規範。」拿憲法當合理化的說辭，難道這不正也是太陽花的依憑？至於說：「從頭到尾都依照法律所賦予的公民集會遊行規範。」別騙人了！紅衫軍無視《集遊法》，鎮夜佔領忠孝東路、林森南路，當時市長馬英九兩肋插刀，與紅衫軍共舞，不只藉紅衫軍反腐敗的口號以卸掉了中國國民黨的貪腐本質，反把民進黨抹黑，爲自己的大選鋪路；江宜樺支持紅衫軍，壓根就是支持馬英九，支持黨國復辟，不然閣揆怎麼會掉到他頭上？不要忘記，紅衫軍反扁、反腐敗，打的是「國務機要費」，結果國務機要費根本無罪，檢察官到現在還死追亂纏，更二審的更下去。反而是馬英九的特別費，證據確鑿，在蔡守訓的「公使錢」（天呀，公使錢是什麼東東，台灣不成還活在中國南宋？）掩護下無罪。所以紅衫軍是不折不扣選輸不甘的黨國反撲。

更無恥的是江宜樺無端推衍出的下面這段話；江文說：「政府首長又可以將法律上明明沒有問題、但是跟自己政治立場不同的對手，硬說成是違法的嫌疑人，用法律手段去整人，從中獲取政治上的利益。這種唯我獨尊的任意性，正是對法治精神最大的傷害，也是政府公信力喪失的源頭。」媽媽咪呀，什麼跟什麼呀！新政府才上台幾天，什麼事都還沒做，平白飛來的這頂帽子怎麼戴都戴不上，但卻完全合馬江之頭；誅殺前朝且不說，聯手用法律手段去整立法院長王金平，不正是「將法律上明明沒有問題、但是跟自己政治立場不同的對手，硬說成是違法嫌疑人，用法律手段去整人」的血淋淋例子！又說：「陳水扁前總統的貪腐行爲明明違背法律，但很多人就是想從政治再度解決。」江宜樺請告訴我們：特偵組一字排開，公然吶喊：「扁案辦不出來，一起下台！」江宜樺請告訴我們，這是政治抑或法律？二次金改案，周占春判扁無罪，高院違法急換法官，換上蔡守訓；江宜樺請告訴我們，這是政治抑或法律？檢察官越方如遠涉日本，恐嚇利誘辜仲諒回台作僞證株連扁，又威脅證人杜麗萍咬扁；江宜樺請告訴我們，這是政治抑或法律？龍潭案，二審無罪，馬英九在府內召宴，招徠司法院院長、檢察總長，然後公然介入個案說：「司法不能背離人民期待。」最高法院果然如響斯應，不循慣例發回更審，卻自爲審判，造成扁不能釋放之局；江宜樺請告訴我們，這是政治抑或法律？蔡守訓要入陳總統於罪，違反罪刑法定原則，捨職權法定說，自己造法，以實質影響力入扁於罪；江宜樺請告訴我們，這是政治抑或法律？至於追殺前朝政務官彭百顯、許添財、邱義仁、高英茂、謝清志、石守謙、呂秀蓮、游錫堃、許陽明、陳哲男、周禮良、黃偉哲、吳乃仁、吳明敏、林嘉誠、郭清江、郭瑤琪等；江宜樺請告訴我們，這是政治抑或法律？

至於陳學聖向特偵組檢舉林全涉瀆職，說：「學生攻佔立法院可以被諒解及包容，但攻佔行政院及行政公署，則不可原諒。」這種飾詞，與江宜樺的無恥同樣，不值得一駁。問題是，林全撤的是「告訴乃論」案，有何瀆職可言！陳學聖還表示：「攻佔行政官署已是一個準革命的行爲。」那不就是證成林全所說：「太陽花學運是政治事件」無誤，反而狠狠打了江宜樺的臉。

馬江陳洪等黨國餘孽，連窮鼠反噬也不成，老狗要玩新把戲，至少有點章法，眞是可憐又可鄙！

從艾琳達牽出的台灣特務故事

文◎張文翊

一九七九年十二月美麗島事件發生，黨外人士紛紛被捕，施明德雖然已經娶了美國籍的艾琳達，但是這個政治保護傘，救不了他易容逃亡、終而就逮的命運。艾琳達馬上遭驅逐出境，於是她也不客氣地展開在美國各地演講救夫的行程。

中華民國特務大鬧舊金山機場

那天艾琳達抵達舊金山機場，本來沒有恆煒的事，他是幫《中國時報》「人間副刊」專跑學術和文化藝術新聞的。然而臨時出了點小狀況，老闆娘，也就是董事長余紀忠的夫人正好在舊金山的家度假，《時報周刊》能跑機場新聞的人，全都陪老闆娘打麻將去了，恆煒向來不跟他們一夥，既然工作還是要有人做，他們臨時情商恆煒代班。於是，他就單刀赴會了。

這趟機場沒白跑，有沒有看到艾琳達他竟然不記得，但見識到了中華民國特務的大出場。進了機場大廳，只記得嘈雜的人聲吸引了他，湊過去看，一群人圍著一個年輕女子，大聲用台語要她交出手中相機的底片，甚至要動手去搶。女子坐著，相機背帶捲在左右雙肘上，兩手把相機緊緊摀在胸前，幹練地護衛她的財產。雙方僵持不下，引來機場警察，把大家都請到辦公室理論，恆煒沒有介入爭端，算是證人，最後是不了了之。隔天台灣駐舊金山領事館派人來問經過情形，過幾天又要恆煒去領事館說明，他拒絕了。

正因副領事是報社同事的太太，我們才知道原來領館裡的情報單位共有三個，其中一位調職，沒給新上任的人留下任何情報，另兩個單位並不跟他分享資訊。這位情報員就找了自己的女朋友，給「台獨分子」拍照建檔，他本人則遠遠從挑高大廳的二樓上觀察。

這事件有個後遺症，灣區台灣人的圈子從此盛傳恆煒是國民黨的抓耙仔，據說當時張富美女士也這麼認爲。不過我們住灣區東邊的柏克萊，他們住在西邊靠近史丹佛大學，隔著海灣相距甚遠，生活圈子不同，所以從沒機會澄清。直到陳水扁先生當了台北市長、當選總統之後，常有機會見面，自然也就不必解釋了。

調查局「抓耙仔」無所不在，人人有份秘密檔案

「抓耙仔」在我們外省公務員家庭的第二代，是個不存在的名詞。救國團辦的活動中，我參加了駕駛訓練班，訓練結束後，行程包括參觀調查局。當時考調查局，似乎是大學生畢業後工作的選項之一。畢竟父親那時在司法行政部當主任秘書，調查局是他們的下屬單位；在我簡單的想法，那單位應該就像爸爸一樣正直可靠。

後來才知道，並不是這麼回事。大學同學好友的姊夫，台灣人。我跟著好友去看她姊姊時總會看到他，閒閒在家。原來他就在調查局工作，吸收淡江大學的學生專門打老師、同學的小報告。每月一篇，付一千多台幣，四十年前的行情，如果沒記錯的話。

畢業後到高中教國文，眼看許多同學都出國深造，我改了三年洗腦文似的學生作文，累了，藉讀書之名，也到美國去走走。來到西岸北邊的小小大學城，剛巧遇到大學裡國民黨的小組長畢業，要搬回台灣，家俬一件不留，分送所有台灣同學。我沒有去，但聽說東西很多，人人有份。記得在學生聚會裡見過小組長的太太，人很活潑開朗，她說來美後因爲常常宴客，練就一個小時做好十道菜的本領。她母親見到嬌嬌女拚命做菜，心疼得流淚。

我只困惑著爲什麼需要常常宴客，直到多少年後，知道前台中市長胡志強是帶著黨職留

學英國十年，從「連絡員」升到「書記」再晉級爲「黨務督導員」，當時留英的同學常到他家聚會，才若有所悟。順帶一句，那位小組長蔡鐘雄，後來跟在宋楚瑜身邊。

在東亞研究所有一位人緣好、很風趣的已婚男同學，年齡比一般同學大些。週末台灣來的同學常到我們宿舍樓下大廳的小宴會室聚會，用附設的廚房做菜聚餐。這位住校外的男同學總會來總綰雜務。有次私下告訴我一個秘密，他曾經在調查局工作。一口台灣國語的他，原來是住在南部鄉下的外省人。爲什麼離開調查局呢？他說受不了臥底之後再出賣「同夥」的心理掙扎。附帶的也受不了冬天埋伏台北新公園裡，躲在雨傘下蹲一整夜，等待毒梟出現的苦。

但是後來不論他搬到哪繼續深造、教書，駐美的領事館總有辦法找到他，希望他繼續效勞，即使他不行，他太太也可以到領館工作。大概畢竟是自己人，比較可靠。還有一次講到機密檔案庫，他很認眞地說，在台灣無論什麼人都在調查局有一份檔案，只是厚薄不一；如果有政治野心，只須掌握這些黑材料，就可以「醒掌天下權，醉臥美人膝」了。如今想來，我懂了馬英九找金溥聰當國安會秘書長的用心。這幾年的政治鬥爭，做爲大火點燃劑，一一拋出的秘辛，誰說不是從此而出的呢？

特務夫妻原來是受司法保護的

市長，一做八年，還要選總統！恆煒早知道馬夫人在哈佛燕京社圖書館偷雜誌的事，處理事件的負責人、相關證人都還健在，甚至常住在台灣。同時間在波士頓留學的台灣人，可說盡人皆知，也有人筆之於書，在台灣出版。

二〇〇七年恆煒應邀到波士頓演講，特別就書中所說，向多人求證。後來在一位民進黨立委候選人的造勢場合，說出這件事。不巧這段發言在電視新聞中出現，恆煒成了馬夫人的被告。纏訟的兩年之中，哈佛的校友提供了很多協助，取到馬家千金在美出生的出生證明，證實了周美青的名字不但有中譯英的拼音名字，且另有英文名在其中，完全符合指控者所說。兩位證人也兩度回台，親自出庭作證。不過這一切的辛苦，都是枉然。法官只取信哈佛燕京社長吳文津應馬英九之請寫的一封，證明周美青偷書是沒有的事，其中不實之處甚多。而這位吳先生和馬家同一國，馬的總統就職，他都飛來台當典禮席上貴賓，但是從來沒有出庭作證。

為了不讓我煩心，恆煒一向自己出庭，律師費如何，我一概不知。最後一次的高等法院庭訊，恆煒妹妹從巴黎來，想了解台灣的司法，我陪她一起去。法庭非常小，門口的小螢光幕列出原告被告及訴訟性質，恆煒的案件只排了十五分鐘。上一庭結束輪到恆煒，控方只有律師到場，我們這邊的律師、當事人加上親屬兩名，三位法官一排外加書記官，空間剛剛好。律師簡單陳述一、兩個小小的論點，時間就差不多用完。恆煒要補充說明，那是律師從來不提而他覺得很重要的一點，但每一開口，主審法官藍文祥立刻打斷，這樣往返四、五次吧？法官說：「你不用講了，你寫的文章我都有看！」就這樣，幾週後他判恆煒誹謗罪成立，要賠償周女士六十萬台幣，我們家一年的生活費！

這場官司，消耗了我們多少時間，找人證、物證、蒐集文件、比對文章、與律師協商，兩年多下來，大法官退休的父親，沒有關心過一句話，沒有幫過一點忙！自我懂事以來，媽媽常常有些請不起律師的遠親、同事、朋友，到家裡來尋求協助。父親總會幫他們草擬訴狀，教導應庭訊該注意的重點。然而我們，沒有得到一絲絲的關懷。最後定讞了，我跟他說最後一庭的法官，態度粗魯無禮，他問，叫什麼名字？我說，藍文祥。他說：喔，他成績很好啊！父親知道他，因爲父親在司法官訓練所當了幾十年的講師。

現在政黨再度輪替，國民黨終於該燈火下樓台了。檢察官、法官和特務站在同一陣線，從蔣經國以下的特務治國「法統」，也該整頓整頓了吧。

九二虱目魚的悲歌

承認九二共識救漁民的「九二虱目魚」心態會將台灣鎖進中國、依賴中國，無法自拔、無法前進更有利的世界市場。

文◎鄭麗伶

上禮拜把家裡冰箱的食品做個點名大清倉，從冷凍庫底部翻出了忘記是何時在亞洲店買的兩塊虱目魚肚。解凍後抹上一層薄薄的番薯粉和鹽巴，用平底鍋將兩面都煎成金黃色，再擠點檸檬汁，晚餐中只聽到老公三不五時地讚嘆：「おいしいね～おいしいね～」

長年住在美國中西部最大的遺憾，應當就是生鮮海產的匱乏；還好現代冷凍技術進步，讓遠離海岸線的我們也能嚐到新鮮味美的海鮮。近幾年來，不論是一般的美國超市還是亞式雜貨店，冷凍庫裡滿滿都是從太平洋彼岸飄洋過海而來的海鮮；可惜的是，多半時候我們只見到來自中國和東南亞各國（菲律賓、越南、印尼、泰國等等）的各式魚類，反而「台灣產」這三個字幾乎是銷聲匿跡了。沒錯，上週進我們肚裡泗水的並非來自南台灣，記憶中應該已經好些年了，台灣的冷凍虱目魚肚早已被普普的菲律賓「山寨版」給取代了。

別以爲這是「意識型態」還是鄉愁在作祟，來自南台灣的虱目魚眞的是沒話說。不論是肉質、風味、鮮度或眞空包裝水準，都遠超過菲律賓貨，即使以價格相比，似乎也沒太大的差異。既然如此，正港台南虱目魚肚怎麼就這樣從美國市場消失了呢？這個多年來讓我們一直不解的謎團，終於在本月初至少有了部分的解答。原來，都是「九二虱目魚」在搞鬼，這幾年台灣外銷的虱目魚都被「綁架」到中國市場，現在成了「政治肉票」。

什麼是「九二虱目魚」？不是「九二無鉛」的虱目魚。話說「台南虱目魚養殖協會」只因近日與中國簽好的「契作」生變，就轉而要求蔡英文政府要「承認九二共識救漁民」，這些無辜的虱目魚就此背負了一個難聽的名號。事實上，綜觀台灣社會這些年來的發展，「九二虱目魚」絕非單一事件，而是一種具有高度傳染性的便宜行事的心態。《商業週刊》在七月中刊出「招聘七百四十萬台灣青年」的特集，報導中國國台辦如何以史上最大的商業契作，收買台灣年輕人的心和掏空台灣的人才庫，施展給房、給生活費，還給百萬創業金的種種手段，說穿了其實是老掉牙的劇本，只不過是把肥肥亮亮的虱目魚換成渴望成功的年輕人罷了。就像當年有多少台商是踩著紅地毯，在中國高幹的左簇右擁下，只差沒有二十一響禮炮，信心滿滿地把大筆資產投入中國市場，但卻誤上賊船而吃盡苦頭，最後進退兩難、只得認賠殺出。

漁民靠天吃飯的辛苦任誰都了解，這些因爲年初的寒流而遭到慘重損失的虱目魚養殖業者，為了貼補成本而再續簽契作時，要求中方每公斤價格提高五元。若你把這當成做生意討價還價的常態，那就錯了。一方面國台辦立刻藉題發揮，說契作簽不成都是因為蔡政府不承認九二共識所致，把這件事變質為統戰台灣的機會，另一方面虱目魚養殖協會的漁民則配合喊出「苦民所苦！承認九二共識！」的口號，根本就是唱雙簧！其實這整件事一點也不奇怪，只要瞭解該協會理事長王文宗同時具有「中華統一促進黨」身分，就知道這是「內鬼通外神」的模式；萬一王文宗的名號不夠響亮，該黨的黨魁就是前竹聯幫大老張安樂（白狼），不僅前科累累被通緝，受中國共產黨的庇護一直在中國吃香喝辣，而且和中國國民黨也很麻吉，追訴期一過回到台灣，仍然高舉五星旗到處囂張。

然而，整起事件最悲哀的還是這些漁民；據報導，虱目魚養殖協會與中國的契作，自二〇一一年以來為漁民所帶來的利益並不優厚，它所提供的不過是一個穩定的銷售管道。有國寶魚美譽的南台灣虱目魚，沒有道理它的市場只能鎖在中國以內，更沒有道理不能發展虱目魚的加工產品，創造更高的附加價值，提供更高階的消費市場。難道只因語言的方便，還是中國有心統戰的契作，台灣就該束手無策、任人擺弄？在馬政府八年的傾中政策下，台灣社會還沒領教夠「雞蛋放同一籃」的害處嗎？姑且不提中國對台灣的意圖為何，只要有點常識的人都知道：銷售通路越廣、市場範圍越大、客戶層次越高，絕對有利於事業降低風險、增加利潤。問題是這些漁民的生計被有心人士把持，不但沒有為他們的福祉著想，反而把他們當作政治工具在利用。

就有如當年HTC的王雪紅，在選舉期間爲了媚中護馬而喊出「HTC是中國人的品牌」這種蠢話，徹底顯露出這位公司總裁的短視和無能。也難怪過去幾年來HTC的市場萎縮，而且不斷面臨股價直落和市値蒸發的危機。反之，假如王女士有宏觀眼光、有生意頭腦的話，當年的口號就應該是「HTC是全世界的品牌」！

中國是台灣的惡鄰居，這早已是無可辯駁的眞理。然而最重要的並不是中國對台灣的敵意，而是台灣人必須去除或解開「九二虱目魚」的心態，因爲不論中國如何崛起，基本上它依舊是一個人治的社會；今天老共可以給你好處，明天他就隨意抽回，後天這些好糠就成爲吊在你眼前的「胡蘿蔔」，可望而不可及，你只能亦步亦趨跟著走。「九二虱目魚」的心態會將台灣鎖進中國、依賴中國，無法自拔、無法前進更有利的世界市場。

聽到我敘說著台南漁民的困境，還有台灣年輕人受到的誘惑，老公一面吃著來自菲律賓的虱目魚、一面嘆氣說：「一個壞男人騙到了一個笨女人以後，一定還會再去騙另一個笨女人的。」

眞的很懷念來自南台灣鮮美一等的虱目魚，何日君再來？

「史上最會溝通的政府」與「綠色憂鬱」

文◎鄭麗伶

人民對「未來不確定性」的反彈，蔡政府千萬不可輕忽或輕佻以對；要眞正解決台灣面對多樣艱難的困境，還是得靠政府腳踏實地與人民溝通和互動，絕不是「史上最會溝通的政府」一句口號就呼攏過去。

不久前，任職教授近三十年的老哥從台灣傳來一封短短的簡訊，其內容如下：「你可不可以寫篇教授不適合擔任政府官員的文章？教授就是愛講話，就像一台開關故障只能開不能關的收音機，而且還經常缺乏傾聽的能力。這是中國科舉制度的遺毒，對這些人而言，學習或讀書的目的只是爲了當官，而不是因爲好奇或求知慾所致。」

老哥的說法有點概括性，不見得所有的教授都自我中心，聽不進別人的意見。曾聽過老哥解釋，很多教授一輩子只在學界打滾，不僅和業界及社會距離十萬八千里，而且與學生的應對向來就是上對下發號施令。也難怪這類學者一旦進了政府單位，好一點是認眞閉門造車、但不懂得如何和人民溝通，壞的則只會大談空洞理論，還動不動在政策失敗時抱怨人民太笨太懶。前者的例子可從一位英全內閣官員身上看到；據老哥的轉述，這位官員相當認眞地描述政府的治國藍圖，讓老哥非常欣賞他的宏觀壯志，於是立刻表示一定得好好和外界溝通，才能讓民眾對「未知」的將來有所期待，也會願意忍受改革過程中常有的不便或痛苦。可惜這位官員回答竟是，他們忙著幹活都沒有足夠的力氣了，哪還有閒功夫去對人民解釋半天。至於後者呢，我想強調，不是只有學者有大頭病，許多在政界打滾太久，沒有直接經過民意洗禮的政務官僚也一樣自以爲是。近日有位官員不見中共以商逼政的手段，以「九二共識」爲由而縮減中國觀光客來台的事實，竟然把責任概括推托給台灣網友，指控都是他們歧視「陸」客的結果。

美國十九世紀一位恐怖和科幻小說家洛夫克拉夫特（H.P. Lovecraft）曾經說過：「人類最古老和最強烈的情緒是恐懼，而最古老和最強烈的一種恐懼，乃是對未知的恐懼。」洛夫克拉夫特這一番對人性的描述確實精準，根據歷史的經驗，不論是負面還是正面的「未知」，對一般人其實都是相當的情緒負擔。以一次世界大戰末期的一個小故事爲例，據說當時前線的德軍對戰敗投降時日不遠已經心裡有數，但因爲到底還會拖延多久有「負面未知」，所以士兵們幾乎全都患了嚴重的憂鬱症；然而詭異的是，連即將獲勝心中有譜的前線英軍們，卻也因「正面未知」的壓力，而造成大多數官兵們有相似的憂鬱症。

對於未知的恐懼，是人類進化過程中很自然的產物。基本上人類大腦在處理訊息時喜歡

「走捷徑」，以免每次碰上事情都得做全面又詳細的分析；在許多情況下，人們會趨向選擇明顯而好走的路，而非求解決問題的最佳方案，主因是理性思考既花時間也耗費腦力資源，甚至有時適得其反。比如說，當我們的老祖宗面前出現了一隻咆哮的大黑熊時，靜下心來做邏輯思考大概沒什麼好處，不如依本能反應、趕緊爬上大樹逃生比較對。因此，我們的頭腦喜歡把許多事貼上特定標籤、並分類儲存在「知識庫」內；當新的體驗發生時，大腦會按照經驗法則決定如何處理或儲存。然而如果新的狀況太過獨特了，大腦雖然會努力嘗試和過去經驗做比較，但若是這個「未知」和人身安全與生活保障正好又有密切關係時，就可能引發特別的劇烈的「恐懼」，不論這個恐懼有沒有道理。

前此軍公教的九三遊行能夠動員超過十萬或如主辦者號稱二十萬人，原因之一應該出於對「未知的恐懼」，他們的訴求是否具有正當或公義性，在此不多談；集會遊行和對當權者抗議本來就是天賦人權，民主國家中人民該有的權利。抗爭者若師出無名，而選擇一次又一次上街頭，最終是消耗議題能量，甚至惹惱主流民意。當然，人民對「未來不確定性」的反彈，蔡政府千萬不可輕忽或輕佻以對；要眞正解決台灣面對多樣艱難的困境，還是得靠政府腳踏實地與人民溝通和互動，絕不是「史上最會溝通的政府」一句口號就呼攏過去。正如同老哥的觀察一樣，我本人也認爲「溝通」不善和不足，是小英政府執政中最讓人不解或擔心的部分。

台灣人民很清楚馬政府留下的爛攤子是一籮筐，否則中國國民黨也不會從二〇一四年起在選舉路上一敗塗地。也因此，當蔡政府必需面對和解決難題時，如果選民太過急躁要求在百日內有立竿見影的成效未免是強人所難，甚至造成治標不治本的後果。然而不能否認，小英政府和林全閣揆至今的用人原則，若用一波未平一波又起來形容是一點也不爲過。姑且不談有爭議性事件（如第一次提名司法院正副院長謝文定和林錦芳），蔡政府的用人有太多缺乏實務經驗的學者或是舊官僚體系出身的人物，更不用談他們對「溝通」的定義，似乎停留在「我講你聽」的時代。

幾年前我也曾撰文批評馬政府幕僚，從來不缺「有課本知識」的博士團；大頭病學者們在碰到問題時，只會找尋最明顯或容易的「解決」辦法，而不是做全盤性改革。也因此馬政府對任何問題和政策不是急就章，就是缺乏通盤的邏輯思考和理性討論，更不用談和人民做眞正的溝通。比如說國家財政拮据，錢不夠用了怎麼辦？舉債跟下一代的子孫借錢吧！好比說失業率太高不好看，怎麼辦？叫大家都去做短期工，或者大學畢業生22K方案把工資壓低。至於經濟不景氣要怎麼辦？叫全民花錢吧，所以有了二〇〇九年發行八百五十六億消費券，結果「振興」經濟的效果僅達預測值的四〇%，連一半都不到！再來是中國阻撓台灣和其他國家簽訂FTA，怎麼辦？簡單，跟中國簽ECFA，對阿共仔卑躬屈膝，就期待大哥會對聽話的小弟高抬貴手了。

蔡英文的執政團隊或許對許多改革的立意良好，民進黨畢竟不是由上而下的中國國民黨，然而小英政府不僅有許多艱難的挑戰，也在短時間內已經發動了讓人眼花撩亂的戰局，從不當黨產、司法改革、轉型正義、年金改革、金融整頓，到其他爲數不少的公共議題，這麼多改革戰役，基本上都是「未知」的將來。也就是說，若要減輕社會對未知的恐懼，要人民眞的願意共體時艱、渡過改革的陣痛期，唯一的途徑就是蔡總統一定要徹底實現她所揭櫫「史上最會溝通的政府」的諾言，積極讓台灣人民了解並參與國家未來藍圖的描繪，才能避免台灣人民集體的「綠色憂鬱」。

漫談「中華民國」到「台灣共和國」之路

修憲派和制憲派，是一體的兩面，也是相輔相成，在中華民國體制下，將《中華民國憲法》修正成爲《台灣憲法》，讓「中華民國目前在台灣」的現實，修正成爲「台灣共和國永遠在台灣」的事實。

文◎黃界清

大家都知道，用「中華民國返聯」或是用「台灣入聯」，都會被拒絕，因爲中華民國或是台灣，目前都不是國際公認的獨立國家，所以不能以國家的名稱返回或是加入聯合國。一九四五年，中華民國政府代表中國，是聯合國創始會員國之一，一九七一年，中華人民共和國政府代表中國，取代中華民國政府在聯合國的席位。國際公認的中國只有一個，一九七一年以前的政府，叫中華民國，一九七一年以後的政府，叫中華人民共和國。

中華民國在台灣是事實，有效統治台灣，也是事實，中華民國具有國家的一切要素條件，都是事實。但是，代表中國在聯合國所有的權力，一九七一年後，已經完全被中華人民共和國政府取代。中華民國政府對外已經不被承認是一個國家，但是，對內還是以中國正統自居，更是以一九四六年在中國南京制定的《中華民國憲法》，繼續拿來實際有效地統治台灣。

早期在海外的台灣獨立運動，主張推翻中華民國，建立台灣共和國。黨外運動及初期的民進黨，主張建立台灣成為主權獨立的國家。為反應出中華民國在台灣的事實，中華民國政府在李登輝時代，有過幾次的修憲，在陳水扁時代，有過以「台灣的名稱」申請加入聯合國，被當時的聯合國秘書長拒絕。理由是台灣還不是一個公開被承認的獨立國家。到了馬英九時代，主張中國終極統一的「九二共識」，當然更不會有返聯或是入聯的動作。上任不久的中華民國政府蔡英文總統，因為不承認一個中國的「九二共識」，開始受到中國的全面打壓。

台灣人的自救運動，一直存在著二條路線的論證，一條是從早期在海外的革命派到目前的制憲派，另一條從早期黨外時期的民主運動到目前民進黨當權的修憲派。制憲與修憲，絕對不是水火不相容的對立關係，應該是一體兩面相輔相成的關係。制憲派「正名，制憲，建國」的論述，長期以來出自民間團體，大家比較熟悉，但是，沒有公權力做後盾，尚未集結足夠的能量，獲得大多數台灣人共識。反而，目前修憲派的民進黨，透過體制內的選舉取得執政權。但是打敗中國國民黨，並不等於打敗了中華民國，民進黨仍是中華民國憲政體制下的執政黨而已。

中華民國在台灣的極限

《中華民國憲法》再怎麼修正，只要這部憲法的名稱叫做《中華民國憲法》，國號叫做「中華民國」，不能任意更改「固有疆域」，在國際社會上就是死路一條，等於承認或是默認一個中國，其實只是在等待中國來統治的宿命。

中華民國在台灣的唯一活路：就是修憲拿掉固有疆域，把憲法名稱修正成爲名符其實的《台灣憲法》，國家的名稱修正「台灣共和國」，並重新正式申請加入聯合國。目前，蔡英文及民進黨是中華民國政府在台灣的當權派，擁有統帥三軍的總統權力，也有超過三分之二的立委多數支持，更有超過七五%認同台灣的民意基礎，加上美日聯盟對抗中國霸權的國際大環境，以及中國加強全面對台灣國際空間的大打壓，目前的修憲派，可以說是天時地利人和，只欠東風。

如何修憲

要翻轉等待中國來統治的宿命，執政者應該下定決心，順遂民意，大舉修憲工程，把

《中華民國憲法》修正成《台灣憲法》，把「中華民國」修正成「台灣共和國」，把「中華民國政府」修正成「台灣政府」，老老實實，腳踏實地，一步一步地，重新申請加入聯合國及國際組織，以台灣名義立足於國際社會。

這樣看來，修憲派和制憲派，是一體的兩面，也是相輔相成，在中華民國體制下，將《中華民國憲法》修正成爲《台灣憲法》，讓「中華民國目前在台灣」的現實，修正成爲「台灣共和國永遠在台灣」的事實。請問：只要有四分之三立委同意，七五％的台灣人會反對嗎？現在，只要蔡英文主席及民進黨願意，立即可以在黨內成立「修憲專案小組」，以民意做後盾，開始大力宣導，以一年的時間，來說服七至八位國民黨的本土派立委，即使沒有四分之三同意，也要以三分之二多數，強力推動修憲，展現以「台灣爲名」的憲法及國號的決心與意志，加上本土社團及公民團體的制憲派，大家共同合作，訴求於台灣人民大眾，以「台灣爲名」，爭取國際社會的了解與支持，朝野盡最大的努力，最後，應該還是有成功的機會。

請問：還有其他實際可行的方法嗎？

台灣：二戰後七十年的實內憂、虛外患

——發抒台灣民歌民情，志在建國

文◎王泰澤

愛沙尼亞（Estonia）「歌唱革命」是他山之石，台灣要建立主權獨立的正常國家，也要由人民發聲，奮發圖強，眾志成城，自己走出一條路來。

台灣「虛外患」的「虛」字，從民間的「心裡怕怕」可以理解。二〇一四年三、四月，太陽花學運之前，民間的擔憂是，假如台灣內部太動亂，中國會乘機攻打台灣。是眞？是假？且看眞相：太陽花學運包圍立法院、進佔行政院，繼而五十萬人民自動走上街頭響應，確實有夠亂，但是高昂士氣抑制無謂恐懼，中國並沒打過來。

世界二次大戰結束後，台灣歷經幾次變故，看似外患，其實是內憂。日本政府離開台灣，中國國民黨政府佔據台灣。陳儀來台，自封台灣行政長官，暴政引發二二八屠殺，繼而國共內戰，被共產黨徹底打敗的國民黨軍隊，和難民從基隆港登陸。以台灣主體的立場而言，這些當然都是外患。然而，當時台灣民眾在街頭唱台語歌歡迎祖國同胞：「……六百萬民同快樂，和平自由，和平自由兮，同胞快快來，同胞快快來，歡迎表誠意……」，使這齣國民黨佔台序幕，顯得台灣民眾心甘情願，所以說不上是外患。從此國民政府威權恐嚇，台籍政要有樣學樣，逢迎無聲，內憂伊始。

繼而，一九五八年金門炮戰，兩岸單、雙隔日輪流對射，一九九六年海峽危機，中國文攻武嚇，試射「空包彈」，只可說是假外患。其後至今，中國經濟犯台，該歸類於台商心甘情願，嚴格說也不是外患，而是內憂。倒是最近幾年，阿陸仔（a-lák-á）旅客蜂擁汙穢遊戲台灣，才算得上是在台灣心不甘、情不願下的眞外患。

台灣的「實內憂」則已延續七十年。自從一九四九年中華人民共和國建國以來，至今持續不斷的內憂，其根源正是「一中」作祟：就是美國的「一中政策」，中國的「一中原則」，國民黨的「一中各表」，連民進黨也要「維持」基於中華民國「一中」憲法體制的「現狀」。如此維持現狀，令人十分憂心的是，有朝一日可能陷入「中華民國憲法體制」和「中華人民共和國憲法體制」的「一國兩制」陷阱。

內憂的內在肇因，可以從與政治有直接利害關係的全國性政黨說起，也包括地方派系、企業、社團，甚至選舉樁腳。本文則要從與政治少有直接利害關係的社會民眾說起，探討台灣社會生活共同體，如何在國際強權與國內政治現實交相負面影響下，造成「內憂」。

國際強權，不外中國與美國；中國以霸道的「一中原則」、美國以模糊的「一中政策」牽制台灣執政黨，以致對中華民國產生「既是國家又不是國家」的錯亂認知。中國心在台灣，美國志在中國，夾在二強之間，台灣至今還是「亞細亞的孤兒」。台灣主體意識長年無法建立，主要原因當推政府礙於國際政治現實，政由己出，又疏離民意。弔詭的是，太陽花學運發出「自己的國家自己救」的真摯勸言，對象並不因「政黨輪替」而有差別。

現時民進黨執政，強調台灣是主權獨立的國家，國名叫中華民國。但一觸及和中國的關係，政府與媒體則慣稱「兩岸關係」。這一則是延續早年海峽兩岸各有「反攻大陸」與「解放台灣」的神話迷思，二則乃因中國在聯合國成功取代中華民國之後，不准中華民國以「國」自稱，於是乾脆片面以「兩岸關係」自我定位，阿Q式地把中華民國與中華人民共和國置於「對等」的地位。近聞奧運官網金牌榜遭駭——「中國」變成「台灣北京」（TAIWANESE BEIJING），亦是希冀「對等」齊觀的海市蜃樓。

試想，英倫海峽有隧道相通，英、法關係不叫「兩岸關係」，而是「兩國關係」。同樣無正式邦交，中華民國和美國的關係既然是「台美關係」，與中國的關係理應是「台中關係」，何來「兩岸關係」？

可見，現時中華民國政府和媒體，不說「兩國關係」，而說「兩岸關係」，等於是對民眾明說，面對中國時，「中華民國」既是國家又不是國家，也就是明說，蔡英文總統雖是總統，面對中國時，可也只是「中國台灣當局的領導人」而已。在此情況下，稱中華民國爲「主權獨立的國家」其實是假象，台灣人民的政治生活，在政府與媒體洗腦下，日夜浸溺於虛幻之中，難得清醒。人民長時沒有國家意識，乃是最眞實的內憂。

尤有甚者，世上沒有任何國家的國名，會拿一個被國際強國否認的國名來套在頭上，只有「中華民國」是例外。執政當局爲合理化「中華民國」在台灣的存在，也爲執政便宜行事，不惜逢迎中、美立場，接受「中華台北」等諸多古怪稱謂。甚至面對國際常設仲裁法庭最近賜名「中國的台灣當局」，竟也忍氣吞聲。在中、美兩強之前，敢爲〇・五一平方公里的太平島主權「誓死捍衛」，而對三・六萬平方公里的台灣主權被誣陷爲「中國的」，卻畏首畏尾、不敢大聲反駁。對待比例七萬二千倍大的美麗寶島所有居民，政府何其不公不義，島民何其委屈！

台灣有一首民歌〈母親的名叫台灣〉，歌詞如下：

母親是山　母親是海　母親是河　母親的名叫台灣
母親是良知　母親是正義　母親是你咱的春天
兩千萬粒的蕃薯囝[1]　嘸敢叫出母親的名

台灣敢[2]是彼歹聽[3]　想到[4]心寒[5]起畏寒[6]
兩千萬粒的蕃薯囝　未凍叫出母親的名
親像啞吧仔[7]壓死[8]囝　互人心凝[9]捶[10]心肝
二千萬粒的蕃薯仔囝　嘸通恬恬[11]嘸出聲
勇敢叫出母親的名　台灣哪　台灣哪　你是母親的名……

我特別在此提起〈母親的名叫台灣〉（曲詞：王文德），是由於今年五月底，新政府在世界衛生大會發表演說，公開自我矮化說「中華台北有兩千三百萬人」。我很欣賞台灣年

---

1 蕃薯囝：han-tsî-kiánn。
2 敢：kánn/kám，難道。
3 彼歹聽：hiah pháinn thiann，那麼難聽。
4 到（著）：tio̍h。
5 寒：hân，文讀音。
6 畏寒：ui-kuânn，打冷顫，「寒」讀白話音。
7 啞吧仔（啞口仔）：é-káu-á，啞巴。
8 壓死（硩死）囝：teh-sí-kiánn。
9 心凝：sim-gîng，心情鬱悶。
10 捶：tuî，搥打。
11 恬恬：tiām-tiām，沉靜無聲。

輕人在街上示威反對 Chinese Taipei 的布條，上面寫著斗大的字：「幹！不說 Chinese Taipei 會死哦！」這些年輕人不奉迎官府，不被殖民，能問「對的問題」。年輕人貼切地表達，對照出新政府缺乏母土意識，政治現實無非是藉口。

民歌反映民情，政治人物若無民間生活感受，並缺乏台灣文史涵養，容易忽視對台灣母土的認同，以致〈母親的名叫台灣〉這樣悲壯的民歌，打不動他們的心弦。他們不會重視台灣的名字。對他們來說，叫「中華民國」、「中華民國在台灣」、「中華民國是台灣」、「中華台北」、「中國的台灣當局」，都無所謂。相對於南海仲裁案裡「中國的台灣當局」，中華民國政府何不依「三民主義統一中國」的理念，稱中國爲「台灣的中國當局」，以示對等的「一中各表」？

筆者在此建議台灣全民練唱〈母親的名叫台灣〉，一傳十十傳百，明年五二〇新政府一歲，數十萬人走上街頭大合唱這首歌，接著再唱台灣新舊民歌，〈你敢有聽著咱唱歌〉和〈二二八手牽手——伊是咱的寶貝〉，最後進入〈島嶼天光〉。從此開始，成立「台灣民間音樂節」，每年於五二〇當日，在各大城市合唱台灣民歌，讓豪情歌聲響徹雲霄，回音震醒沉睡政要。

筆者並且呼籲，全球台灣人參與連署由日本國內日本人及台灣人共同發起——「向國際奧林匹克委員會（ＩＯＣ）要求稱呼台灣而不是『Chinese Taipei』（中華台北）」活動。期盼在二〇二〇東京奧運來臨，我們向國際嚴正表達反對 Chinese Taipei，並且「台灣民間音樂節」能持續傳唱著〈母親的名叫台灣〉的高昂歌聲，感動全世界！

愛沙尼亞（Estonia）的「歌唱革命」（Singing Revolution）是他山之石，一九九一年由歌唱激發出人民意志，成功脫離蘇聯四、五十年的統治，再度獨立。台灣要建立主權獨立的正常國家，也要由人民發聲，奮發圖強，眾志成城，自己走出一條路來。

台灣人準備好了沒？

文◎簡信堂

本文爲二〇一六年九月十日綠色逗陣演講「石縫間的野花：談談台灣的國際空間」，會後來賓回饋。台灣人準備好了沒？你的答案是什麼？

王定宇立委針對台灣的國際空間這個議題做了一場演講，令人感觸良多，王委員在演講中一再追問大家：「台灣人準備好了沒？」值得大家思考。

問題大約是這樣，過去二十幾年來，從李登輝總統執政後期到陳水扁總統八年任期，台灣人的自我認同迅速成長：根據政治大學發布的一份長期問卷調查，比較「我是台灣人」、「我是台灣人，也是中國人」與「我是中國人」等不同國家認同的選項，在一九九二年時，「我是台灣人」的認同被拋在另兩項之後，只有一成多；到了去年，「我是台灣人」不但已經躍居第一位，而且認同度高達六成，遠遠把第二位「我是台灣人、也是中國人」拋在腦後。

王委員指出：「到這個階段，台灣人的國家認同已經發展到最高限度了，但我們準備好進入下一個階段了嗎？」什麼是國家認同的下一個階段呢？他說：「台灣過去在國際上面對打壓時，總是委曲求全，所以只求能夠參加就好，被矮化、被改名，都吞忍下去。要做一個正常的國家，要在國際上爭取空間，必須要付出代價。台灣人準備好了沒？」換句話說，台灣內部認同固然已經凝聚到相當程度，但不代表台灣人在外在的國際壓力之下，也有相當程度的團結意志。

其實，我心裡的答案是：台灣人並沒有準備好，從很多例子觀察出來。比如，運動比賽時，所有電子媒體主播、平面媒體記者都稱台灣隊為中華隊，甚至中華台北隊，而多數聽眾讀者不以為忤。更有甚者，近年來發起的「正名運動」，被許多人以「體育歸體育、政治歸政治」為由反對。

王定宇委員主講。

可見台灣人雖然認同自己是台灣人，但是並沒有強烈到要爲自己是台灣人堅持到底，或是爲自己爭取該有的「姓名權」而奮鬥，不但如此，有時被矮化已內化爲國民性的一部分，別人冠上一些「不搭不歧」名稱時，也照單全收。當然這是偏差的國民教育造成的，過去這些年台灣人的認同固然有所提升，但也夾雜了兩位前總統尚未除盡的洗腦教育的遺毒。長期以來，中國國民黨爲了塑造統治台灣的正當性，在對年輕學子的歷史教育上，只談對該黨有利的部分，隱瞞對該黨不利的事實眞相。例如，教科書只教「開羅宣言」，而不提「舊金山和約」，也不會談到聯合國二七五八號決議文是指蔣介石及其代表被趕出聯合國，而「中華民國」還在聯合國佔有一席之地，只是由中華人民共和國做爲「中國席次」的合法代表；我們所受的教育也不會指出一個荒謬的事實，「中華民國」宣稱的領土其實「竊佔」了多少聯合國會員國的國土，包括中華人民共和國、蒙古共和國、俄羅斯共和國等。台灣人長期活在一個虛幻而又自大的魔法國度中，無法體認台灣之所以走不出去、在國際上處處碰壁，「中華民國」這個名稱是多麼關鍵的因素，更不必奢談對「正名、制憲」形成共識。

再以另外一個例子說明台灣人還沒有準備好：蔡英文選舉的時候說「中華民國就是台灣，台灣就是中華民國」，她以前還曾說「中華民國是流亡政府」，還因此被抨擊，現在卻開倒車，大談尊重中華民國憲政體制。政治人物對民意是最敏感的，蔡英文難道不知道台灣人目前的觀念進步到哪個階段了？難道不清楚「我是台灣人」已經是多數共識，但她卻逆勢操作、不進而退，或許她認爲我們還沒有準備好。固然，爲了進入體制，或許可以有些權衡的說法，但是進入體制後還是要把事實讓人民知道，外交的突破，要依賴的是整體國民意志的形成，而領導者帶動思想的革命是第一步。

當然有人說，有時候必須考慮國際現實，或是事情不是一蹴可幾。但是這並不代表我們可以安於現狀、甚至滿於現狀。如果有人一直說你的外號是「大箍呆」，你一直說這是在罵你，但是你向別人自我介紹也說「我是大箍呆」，甚至在自己家裡也這樣說，這不是很諷刺嗎？外交是內政的延伸，別人要怎麼說你可能一時無法改變，但是你自己怎麼說、怎麼做總是可以先改變的。

怎麼做呢？在國內自稱「台灣」總做得到吧？中央社新聞可以以台灣自稱，以區別中國，官方公文書也可以自稱台灣，國內辦的比賽、活動使用台灣隊名稱；國營事業或是政府有影響力的企業也可以正名。

更進一步，增列英文爲官方語言，如果可以，應該也將母語列入，同時配合教育，某些科目以全英文或全母語教學，爲了不增加學童負擔，國中小的中文只教生活必需的白話文，文言文給有興趣的人到大學中文系去學就好了。台灣人的英文教育不能停留在問好或自我介紹，必須可以跟外國人從事商業或最新科技的討論，國人喜歡跟世界接軌，以這樣的理由應可降低不少阻力。爲了國際化，還可以將紀元改爲西元（或稱公元），其實這件事對有在跟國外接觸的人來說早已經習慣，反而公部門是阻力，初期可以並用，但是我相信只要公部門使用，民間就慢慢會跟進。

也許台灣人還沒有做好準備，把台灣人認同轉化爲台灣國族認同，但是環境的形塑還是可以幫助台灣國族認同慢慢地形成；台灣國族認同一旦形成，正名、制憲，或是在外交空間上的爭取，台灣人就有足夠的心理準備了。

不主張台獨就不會流血嗎？

想要維持現狀也要有流血的準備，主張跟中國統一更要有流血的準備。在中國，連不想流血的自由都沒有。

文◎曹添旺、李宗穎

「美國不會保護台獨」，類似的話二、三十年前在美國就聽過。論者主張不要用「台獨」去刺激中國，因為若是台灣先挑釁，美國不會出兵援助，美國人不必要為台灣人打獨立戰爭。有一個後來當過外交部長的學者到哈佛大學演講，提到相關的問題，就做了這樣的比喻：「何必一直拿紅布去刺激那頭牛呢？」記得當時一位好朋友站起來說那頭牛多刺激幾次就會痲痺、習慣了。

最近《亞洲周刊》一篇文章，提起日本一位退休的資深外交官指出，台灣多數人認為美國會保護台灣，這是很危險的，還說美國的《台灣關係法》只承諾賣武器給台灣，沒有承諾保護台灣，日本也沒必要出兵救援台灣云云。假設是真，那中國還在等什麼？根據中國二〇〇五年制訂的《反分裂法》早就可以出兵攻打台灣了。

中國民運人士王丹在離開台灣前說：「想要台獨而不流血是嘴砲。」引起不少爭論。原因是有民調顯示台灣年輕一代贊成獨立比例越來越高，但是願意爲台灣打獨立戰爭的比例卻不高。

首先要給台灣獨立下定義，一般可以分爲廣義和狹義。廣義的台獨是不屬於中國，不管叫什麼名字，中華民國也好，台灣共和國也好，或是其它國號，只要實質上不歸中國管，就是台獨，或稱實質台獨。狹義的台獨則是堅持不用中華民國，要正名制憲，用台灣的名加入國際組織，參與國際事務，因爲世界只承認一個中國，那就是中華人民共和國，不是中華民國，所以不要自欺欺人，況且台灣有其獨特的歷史，和中國的關聯沒有那麼密切、那麼久，就算是中華民國獨立也不行，追求的是法理台獨。

台獨大致上也可分爲主動和被動。主動台獨是不管外面怎麼講、中國怎麼打壓恐嚇，或甚至沒有打壓恐嚇，根據台灣的歷史發展，堅持主張、積極追求台灣獨立。被動台獨是受到中國打壓或是大中國沙文主義霸凌，而不願意當中國人。除了上述的定義外，中國對台獨下的定義是：「不和它統一就是分裂國土，就是台獨，所以維持不和它統一的現狀就是台獨，台灣的現狀就是台獨！」果眞如此，美國已經保護台獨數十年了。

接下來的問題是，台灣人若想獨立建國準備付出多少代價？或是萬一中國來侵略，台灣人準備讓中國付出多少代價？中國準備付出多少代價拿下台灣？用新疆獨立、西藏獨立、內蒙古獨立和滿州獨立來換嗎？萬一拿下以後又準備付出多少代價守住台灣？

在談台獨時候，大部分人都只討論台獨的後果，卻忘了問一個最根本的問題：「台灣人爲什麼主張獨立？」早期主張台獨是反對中華民國的外來殖民政權，不過在台灣經歷了民主化、本土化的過程，國會已經全面改選，總統也已經直選，當初跟隨蔣介石來台灣的人，他們的子孫大多是在台灣土生土長，就是台灣人。現在的台獨本質轉爲要捍衛得來不易的自由、民主和人權法治。況且，面對中國在國際上不停打壓台灣，搶邦交國、禁止台灣參加如WHA（世界衛生組織大會）等國際組織，不獨立行嗎？防禦性台獨算不算挑釁？防禦性殺人有沒有罪？台灣人越被打壓，越不想跟中國在一起。

主張或反對台獨都不能忽略國際現狀，當初季辛吉（Henry Kissinger）和最近過世的布里辛斯基（Zbigniew Brzezinski）的地緣政治布局，他們都主張聯中制蘇，而爲了聯中，只能反對台獨，這裡美國很清楚台獨的定義是法理台獨。爲了美國利益，在西太平洋部署第一島鏈，從日本、台灣到菲律賓，防堵共產主義擴張。聯中制蘇是聯合次要敵人，打擊首要敵人的策略運用，不是讓盟友被次要敵人侵略、甚至併吞。美國的立場是盡量維持現狀，會不會保護台獨不知道，可以確定不會讓中國併吞台灣。

但是全球現狀不時在改變，當初季辛吉和布里辛斯基部署的全球戰略的前題還存在嗎？論軍事美國和蘇俄仍舊是超級強國，雖然蘇聯瓦解後有傷到元氣。論經濟美國穩坐第一，中國排第二，但是中國在亞洲並沒有扮演好穩定的力量，也不是自稱的和平崛起，和鄰近國家關係不好，甚至常常惹事生非，例如在南中國海人工造島、蓋軍事跑道與設施，和菲律賓、越南爭議不斷。中國的經濟也是外強中乾，最近它的十年長期公債殖利率已經跌到三．五五％，甚至低於一年短期公債殖利率的三．六一％，意味著市場對未來景氣悲觀，經濟衰退近在咫尺。中國的經濟在過去二十八年高速成長，遇到衰退如何應變充滿了不確定性，獨裁政府缺乏透明度和監督，又提高了硬著陸的風險。會不會爲了轉移焦點，直接攻打台灣？

所以王丹提醒台獨要有流血的準備並沒有錯，只是不夠完整，因爲想要維持現狀也要有流血的準備，主張跟中國統一更要有流血的準備，看看二十八年前的六四天安門事件，沒有喊台獨，也沒有喊疆獨或藏獨，照樣坦克壓過去鎮壓。在中國，連不想流血的自由都沒有。

民主自治之根基

原著◎詹姆斯・馬爾登
譯◎俞培雅、陳師孟

社會往民主制度發展的過程，有如植物生長會受到雜草與荊棘阻擾一樣，會受到暴君或落伍的社會常規習俗所困，直到今日仍然如此。園丁爲了種子能發芽，砍掉壓迫的灌木叢，群眾對民主的呼聲，同樣產生突破政治障礙的力量，使民主社會可以正常發展。

群眾要求民主的場景自二戰以來就已經出現，就像我們現在每天在電視新聞上看到的一樣。那時歐洲海外殖民帝國崩解，促成民主化社會在非洲及亞洲出現，是意料中事；其後蘇聯垮台，也使得已經癱瘓的俄羅斯帝國走向民主。但實際的後果，好壞不一。根據一些政治學家的說法，許多新興的主權國家成了「失敗國家」或「盜寇統治」，而不是想像中成功的民主化國家。才剛萌芽的民主種子因爲雜草和荊棘而枯萎，群眾對於民主的呼聲在全副武裝的警察與士兵面前，逐漸消逝殆盡。

西方觀察家起初在群眾身上，以爲看見了引發史上歐美民主運動的相同精神，所以興奮地鼓勵大家邁步向前。以爲當人民一要求，民主就會發展下去，以致統治者若非讓步順從人民的要求，就只能毫不留情地消滅抗議者。但眞的是這樣嗎？

若民主眞是像這樣自然而然的現象，那新興社會走向民主的期望怎麼會落空呢？答案或許可以在一本被遺忘的小書中找到：《帝王命令之下的自治：英國民主開端之研究》（一九三三），是在明尼蘇達大學講授英國歷史的懷特教授（Albert Beebe White, 一八七一～一九五二）所著，是他研究英國憲法史多年的領悟。他認爲最重要的教訓就如同他的書名，自治政府與民主體制並不是在民眾的要求下出現的，「如果書名好像自相矛盾，是因爲我們的思維仍然受制於一個想法——自治政府之所以產生，都是因爲人民渴望自我治理、而且成功爭取到手。」

懷特的結論是：要求自我治理的，並非臣民而是英國國王。「主要論點就是，英國國王出於他們認定的自身利益，幾個世紀以來，交付英國人民負擔政府職務的重責大任，就此大步塑造出英國人管理政府的意識與能力。諾曼（Norman）和安茹（Angevin）王朝的皇家培訓，強過盎格魯薩克遜（Anglo-Saxon）血液裡自治政府的基因。」

強調十一、十二、十三世紀諾曼和安茹王朝有功於塑造英國人的自治，懷特其實是在抨擊曾經流傳一時的一個觀念：英國人天生傾向於民主，也就是亞當斯（Herbert Baxter Adams）所謂的「胚種論」（germ theory）憲政發展一說。

何以英國國王們不去雇用有酬的專職官員，而要求一般臣民提供勞務？懷特認爲是因爲國王不信任那些官員，譬如警長之流的，所以要求他的臣民們執行這些本來是官員該做的任務，來限制警長的權利。再說比起雇用官員要省荷包，因爲這些勞務被視爲臣民的義務，是不另外付酬的。

動員一般臣民實施自我統治的基本「載具」，就是「陪審團」（the jury），然而現代的審判時的陪審團只保留了開始時的一些元素；原先的陪審團是廣泛地由在地居民所組成，齊聚一堂解決各式各樣的問題，無論刑事的或民事的。陪審團的組成涵蓋各層級，徵召的對象來自各階層，有莊園層級的農民爲成員，也有郡縣級法院的大地主爲成員。

除了參與法庭的陪審，國王還會要求其他的事務要大家照辦，比方說，如果「通緝令」一經發布，也就是有人「發現一具死屍，或者獲知有某種暴力事件」，該地全體居民都該準備要參與圍捕罪犯；當警長指認罪犯而後者拒捕時，又有義務要協助制服他。若是對這些徵召不聞不問，會受嚴懲。

懷特指出，因爲參與政府事務的責任相當繁重，有些人吃不消會刻意尋求豁免。因爲一年內要消耗相當部分的時間在自我治理的任務，對於那些被要求參與的人，自治並非那麼地受歡迎。此外，陪審員有可能需要出席位於倫敦市外西敏寺的皇家法院，對住在偏遠地方的人來說，履行這個職責是趟花時間又花錢的旅程。

從皇室的角度來看，要求臣民執行地方政府大部分的職務，在某方面來說，對兩方都是經濟實惠的。「那時的正式稅負不重，而且長時間保持輕稅，但是國王的收益卻蠻不錯，國王沒有把人民的錢拿去僱用地方官，他讓人民管理自己，好增加本身的利益。」

有人會質疑：顯然英國國王並沒有了解到，訓練人民自治、要求人民積極參與政府事務，長期下來對君主專制體制可能會有負面影響。畢竟，若人民按照國王的指示，在地方層級自我管理，他們或許會認爲他們不再需要國王能提供的服務；如果在地方層級上可以自治，國家層級又有何不可？

懷特教授從他對英國自治的分析中，得到了些什麼教訓？首先他推論：「分擔政府事務，除了少數例外，即使是在中世紀末期，都不被視爲一種特權，……那不是一個恩寵，而是一項必須有人執行的責任；……這是國王的旨意，大家都得這樣做。……經過長期的管教，確實使現代意義的自治成爲可能，人類有史以來最偉大的任務——民主責任，得以養成。」（頁一二八～一二九）

懷特教授違反直覺的說法很有趣，但他說對了嗎？英國人眞的發覺他們可以不需要皇室的統治而自治嗎？十七世紀中葉的英國內戰導致了查理一世（Charles I）在一六四九年被處死，從而建立了大英國協（Commonwealth）——一個最高程度的自治——但最後在一六六〇年還是發生君主復辟。不過君主雖然復辟了，君王的權力很明顯地被削弱，而當年斯圖亞特（Stuart）國王詹姆士一世（James I）與查理一世試圖甩到一邊的國會，到一六六〇年也已經成爲和國王分廷抗禮的共主。一六八九年的「光榮革命」與威廉和瑪麗（William and Mary）的加冕，更完成了權力回歸國會的過程，也就是人民自我統治到達了國家層級，而君權則弱化爲象徵性的國家元首。

英國在北美洲的殖民地，提供了一個更好的自治原理內化的例子，並沒有任何皇室官員隨同移民者遷往麻薩諸塞州（Massachusetts）或維吉尼亞州（Virginia），以確保他們管理好自己。相反的，每個殖民州都各有憲章（charter），清楚表明殖民地的人民應如何自治。譬如說麻薩諸塞州的第一部憲章（一六二八年），就要求殖民地的總管每個月至少一次召集移民「聚集、召開、並進行法院或全民大會（Assemblie）的運作，以對大家本身的事務有更好的安排與方向」，也對達成這些目的所需具備的法律架構，提出要領。此外，一年有四次「偉大，普遍，及莊嚴的全民大會，這四次全民大會要稱爲全體州民的四次『盛大院會』（Great and General Court）」。每年參加集會的殖民者選出殖民官員，賦予其權力爲了地方的需要立法，只要「不違反我們英國王土的法律」。

皇室在十八世紀曾經想對殖民地加強直接控管，但被視爲侵犯了他們長久享有的自治權。所以美國革命的發生並不是想在英屬北美建立一個民主社會，而是殖民者想要保衛他們長期以來的自治權，而英國政府卻努力想要加強直接控制的力道，以達到國家現代化的目的。在某種意義上，倡導革命者成了保守的一方，英國官員反倒成了想要改變現狀的激進分子。

在美國革命期間與之後，大多數的殖民州都以新憲法取代原先的憲章，強化他們自治的意涵，這些憲法是從幾世紀英國自治的經驗所淬取而來。

這些到底告訴了我們什麼？如果懷特教授是對的，那麼當一個政府傾覆時，人民會按照他們以往所受過的訓練來做出反應。一六四九年一個國王被處死了，英國人民就試圖建立一個全國性的自治國家來回應，這是基於他們在地方層級的長期自治經驗。雖然努力失敗，君主復辟了，但是君權大大被削弱。在美國的殖民地隨後創造了一個憲政體制，立基於國家層級與地方層級的全面自治，完全不再需要任何君權的象徵；這來自於美國人從地方自治得到的經驗，成功地實踐在國家層級的政府上。

那麼，如果一個需要民主的社會，卻在任何層級都從來沒有過自治的實際經驗，又會怎麼樣呢？從懷特教授的論點以及二戰以來的一些建國經歷來看，我們無法大膽預測大眾對民主的要求最終會導致什麼樣的結果。這並不是說沒有一個社會能創造出民主，而是說只有在長期漸進的學習與操練、形成風氣習慣之後，才有辦法建立成功的民主，僅憑大眾對民主的呼籲是不夠的；要有心理準備，當對民主的呼聲突破了雜草和荊棘，有可能得到的卻是更甚於先前不民主的結果。

註：有興趣的讀者可直接參閱原著。⑴本文節譯自："The Roots of Democratic Self-Government", Historically Speaking, 13:2(April 2012), pp.2-4；⑵文中引述的著作：Albert Beebe White, *Self-Government at the King's Command: A Study in the Beginnings of English Democracy*, Univ. of Minnesota Press, 1933.

後記：

馬爾登教授來信表示他的作品被譯為中文，深感榮幸；他也對他的論點再做引伸如下：

「做為一個中古史學者，每每見到一些政府官員與政治學家，本身對西方政治的發展幾無了解，卻興致勃勃地鼓勵其他國家發展民主體制，從我的角度而言，這是令人擔心的。他們以為美式政府型態可以隨處置入，只要把一、兩個壞蛋統治者或一、兩項不利的社會習俗去除掉就好。他們沒能體察到，現代社會往往是建立在根深蒂固的文化特性上，對任何改變都有巨大的抗力。所以型塑現代國家的決定性因素，不是那些美國的政治理論，而是植根於文化的習俗民情。或許這種盲點，部分要歸罪於過去這些年，在一些美國大學裡，對憲政歷史的興趣缺缺。」。（見來信照片）

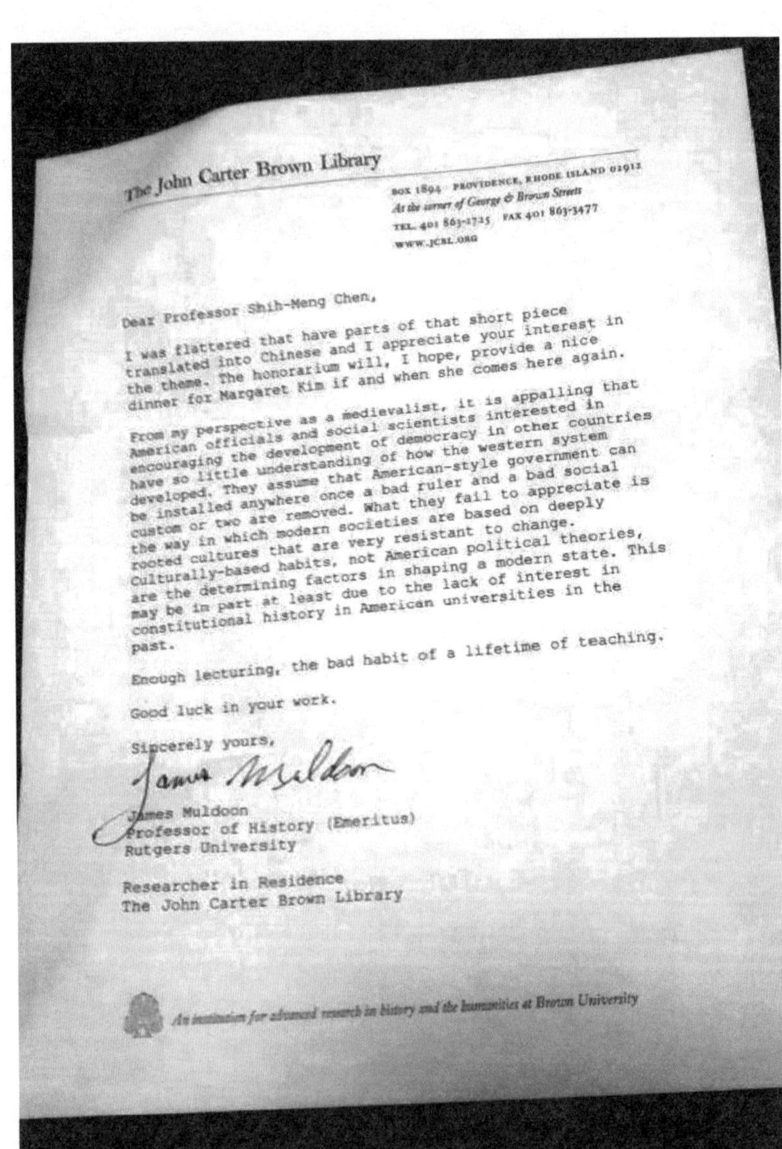

The John Carter Brown Library

BOX 1894 · PROVIDENCE, RHODE ISLAND 02912
At the corner of George & Brown Streets
TEL. 401 863-2725 FAX 401 863-3477
WWW.JCBL.ORG

Dear Professor Shih-Meng Chen,

I was flattered that have parts of that short piece translated into Chinese and I appreciate your interest in the theme. The honorarium will, I hope, provide a nice dinner for Margaret Kim if and when she comes here again.

From my perspective as a medievalist, it is appalling that American officials and social scientists interested in encouraging the development of democracy in other countries have so little understanding of how the western system developed. They assume that American-style government can be installed anywhere once a bad ruler and a bad social custom or two are removed. What they fail to appreciate is the way in which modern societies are based on deeply rooted cultures that are very resistant to change. Culturally-based habits, not American political theories, are the determining factors in shaping a modern state. This may be in part at least due to the lack of interest in constitutional history in American universities in the past.

Enough lecturing, the bad habit of a lifetime of teaching.

Good luck in your work.

Sincerely yours,

James Muldoon

James Muldoon
Professor of History (Emeritus)
Rutgers University

Researcher in Residence
The John Carter Brown Library

An institution for advanced research in history and the humanities at Brown University

馬爾登教授來信。

輯四

司法正義

法官選舉搭配法官評鑑

台灣的司法不受人民信任，高達八四%民調不相信司法。如何解決司法的問題？我認爲要改造台灣的審判制度，及改變法官的選任方式。具體而言，我認爲要引進「陪審團制度」及「法官選舉制度」。

文◎鄭文龍

近幾年，陪審團制度已在國內萌芽，台灣陪審團協會做過民調，已有八三%民意支持陪審團的審判制度。蔡英文總統在五二〇就職典禮，也提到陪審團是司法改革的選項。法官選舉制度，仍然被漠視，在台灣只知道有法官評鑑制度，然而法官評鑑應該與法官選舉互相搭配。因此，本文參考美國猶他州的法官評鑑制度及法官選舉制度，做一粗淺的介紹，希望讓大家慢慢認識法官選舉的制度，以及運作的配套。

因美國各州各有不同的規定，今僅先就猶他州法官評鑑（估），及選舉法官的過程做一簡介，供大家了解，以下引用資料，來自猶他州政府網站。《猶他州憲法》規定：「法官的選拔應僅僅考慮此法官職位的適當性，不應有任何黨派的政治考慮。」爲了完成這一任務，猶他州通過一個稱爲「優秀選拔法官」的過程規定，用以選擇州法官。

優秀選拔程序

法官的優秀選拔程序從在該州所有司法區建立的兩黨提名委員會開始，司法提名委員會包括律師和非律師。當出現法官職位空缺時，申請人向提名委員會提交申請，委員會審查申請，進行面試，並評估每個申請人的資格。提名委員會選出五名最優秀的申請人，然後將他們的姓名轉交給州長。州長面試每一個申請人後從中選擇一人提名，然後交由猶他州參議院批准。

郡縣級的優秀法官選取方式，大致類似於州的程序，只是提名權人是郡縣，而不是州長，而且必須經司法委員會批准。

《猶他州州法》要求每名法官在任命三年後，在大選年要進行第一次無人反對的續任選舉，那一年成爲他們的「續任選舉年」，也開始有法官評鑑週期，州和郡縣的法官每六年進行一次續任選舉，而州最高法院法官每十年投票一次。

中期評估

司法效績評估委員會（Judicial Performance Evaluation Commission, 文後簡稱ＪＰＥＣ）評估所有在猶他州續任選舉的法官，包括猶他州最高法院法官、猶他州上訴法院法官、地方法院法官、少年法院法官以及市法院和縣級法院法官，每位法官在任期的第三年和第五年進行評估。對於最高法院法官，評估在其第三、第七和第九年完成。

聯邦法院法官不由ＪＰＥＣ評估

ＪＰＥＣ所提出的第一次評估（在第三年）當作法官的期中評估。最高法院法官在其任期的第三和第七年接受兩次「中期」評估。中期評估報告只給ＪＰＥＣ、法官和院長，是保密的，其目的是給法官「自我改進」。中期評估給予法官可信的私人資訊，使他們可以用來提高法官的工作表現。中期評估與續任評估基本相同。

續任評估

JPEC在法官任命的第五年做第一次評鑑，當作法官續任的評估。對於最高法院法官，續任評估在其任期的第九年。續任選舉提供了一種機制，選民可以決定法官是否應繼續擔任另一任期。對於續任評估，JPEC收集關於法官表現的數據，並準備一份向公眾提供的書面報告。該報告也被JPEC用於決定其委員會是否建議該法官續任下一個任期。

續任調查概述

在猶他州評估法官有三種不同的分類，每個評估類型都有自己的標準和要求，必須滿足這些要求，法官才能收到JPEC的推定通過評估報告。

全面評估、中級法官評估、基礎級法官評估一旦評估完成，JPEC委員會檢視審查結果，並決定是否推薦法官續任下個任期。

JPEC建議

JPEC委員會會收到準備在下一年度舉行續任選舉的所有法官的評估報告，委員會做出評估報告前，可以依據法律與法官面談，做爲審議過程的一部分。審議發生在選舉年之前一年的秋季和冬季。委員會會議向公眾開放；但委員會們討論個別法官表現的部分會議則不對外開放。

推定通過／失敗

根據法規和規則，法官評估有規定最低績效標準。如果法官通過這些標準而取得合格分數，法官會獲得一個續任推薦，他／她將收到JPEC的續任推薦，認爲他／她可續任下一個任期。如果法官未能通過最低績效標準，法官將收到JPEC不續任的建議，不推薦他／她續任下一任法官職位。JPEC如果有正當理由，也可以克服推定的意見，而做出不同的建議。

選民決定

法官在選舉年四月份會收到他們的績效評估結果和JPEC建議，如果法官決定不參加即將舉行的續任選舉，他們的績效評估不會公開。如果他們選擇將名字放在選票上，他們的成績評估報告就成爲公開記錄，它在選舉前九十天內在官方網站上發布。

由選民決定其管轄範圍內的法官是否應續任下一任期，JPEC的建議和對法官的評估報告可供選民參考。

司法院長被提名人「再任大法官」是否違憲？

大法官應是戰戰兢兢的本著良知良能來解釋憲法，扮演憲法守護神的角色。

文◎洪英花

近日司法界最大的爭議就在於前大法官許宗力教授得否再受提名爲大法官，想當然爾，一定有反對與支持的意見，我簡單分類成不得連任即「一生只做一次」，與一生可做一次以上兩類，整理雙方論點，說明如後。

一、不得連任，即「一生只做一次」

這裡所謂不得連任，嚴格說是指「不得再任」或「一生只做一次」。以我國當初繼受的德國法制來看，該國的大法官任期十二年，除不得連任外，更不得再任；我國也不採終身制，制度精神應該和德國一致。從另一個也不採終身制的國家義大利來看，它的憲法第一三五條第三項規定：「憲法法院的法官任期爲九年，任期從各人宣誓就職那天算起，期滿後不得重新被任命。」其精神與意涵不言可喻，就是限制一生只做一次，而不再區分「連任」或「再任」，陳志龍教授等人同此主張。世界各國大法官的任期採「非終身職」者，以「連任禁止」者佔多數，所謂「連任禁止」，即指大法官任期一生以一次爲限。

二、一生可做一次以上（卸任後間隔一段時間可以再被提名）

若採用可以再任的主張，爲了避免成爲實質連任，通常必須在兩任之間做出一個間隔年限，這又可分爲三種看法：

1.沒有連續做，就可再任，不限制自卸任時起須間隔幾年。

2.間隔八年可以再被提名：

民進黨參與修憲的莊勝榮律師等人主張：「光從條文文義解釋，毫無疑義大法官任期八年，依他所任的任期來計算任期，且不得卸任後繼續擔任下一任大法官。意即，擔任大法官八年後，若要再當大法官，要等八年。」所以是從立法文義觀察，認爲須間隔八年再任。

3.間隔四年可以再被提名：

許宗力教授認爲：「……但考量總統任期四年，以及一九九七年修憲時，爲交錯任期而規定九二年提名的大法官有八年及四年任期者兩類，足見修憲者當時預想的提名大法官間隔也是四年，則再任間隔期間應該是至少四年爲當。」

所謂「交錯任期制」，它的設計就是使大法官的任期四年交疊一批，以利經驗傳承，爲透過期中改選任命，使每任總統有一次機會提名大法官，並在九二年開啓運作時，由首批八位「任期四年任務型」大法官，加上七位「常態任期八年」的大法官，組成兩個團組開始運作，九六年起就任之大法官，除遞補者外，任期一律八年。許教授似乎以各任總統提名大法官的間隔年限四年爲基準。惟我國大法官常態任期既爲八年，則其能否「再任」之間距，與總統提名權的四年間隔年限有何關聯性，許教授並沒有講明白；也就是說，大法官四年交錯制的主旨，是讓每任總統都有一次提名大法官的機會，明顯是以總統的職權行使爲設計考量，而特定大法官能否再任卻非以總統職權行使爲考量，如是用前者做爲後者的主要依據，實屬牽強。

究竟何者爲是？經參照以下所列修憲過程的正式文書紀錄，如立法理由、修憲會議提案人等曾爲說明之相關會議紀錄，我個人的見解認爲：「不得連任」即「一生只能做一次」，才合乎法理情：

1.當初修憲提案的「立案原則第三項」明白指出過去的缺失：

「大法官任期九年，又得選任，而連任之考量，除年齡之外，並無明確之準則。大法官所做成之解釋，有時被懷疑爲投主政者所好，以謀自身之連任，誠屬憾事。查先進國家釋憲機關若非終身職（如美國之聯邦最高法院），即賦予較長之任期，並規定不得連任（如德國聯邦憲法法院法官任期十二年，不得連任，義大利任期九年，亦不得連任），終身職造成大法官故步自封，非我國國情所宜，德國、義大利之制則兼顧大法官之身分保障，及釋憲之公信力，甚具參考採用之價值。」（修憲提案審查結果修正案第二十二號說明壹、立案原則之三，第三屆國民大會第二次會議修憲提案審查結果修正案第二十二號第四十五頁）

2.從當初修憲國大彭錦鵬、楊敏華之發言紀錄，體察修憲之精神：

(1)彭錦鵬國大代表之發言如下：

「本案最大的特點，是參考世界各國的成例後而做的規定，世界各國大法官的任期，均在八至十年間，不連任者佔多數，我們希望大法官會議能具超越政黨。超越總統的任期，並且能對國民大會負責，這是我們設計的方向。大法官不能連任，可免除其在釋憲時，存有爭取連任的心理，否則對釋憲案或許會產生不良影響，我們期盼大法官能全心全意投入釋憲工作。」（第三屆國民大會第二次會議第二十六次大會速紀錄第五十一頁修正案第二十二號說明）

(2) 楊敏華國大代表之發言如下：

「在任期部分，目前大法官任期九年，且可連選連任不受限制，因此曾有大法官一口氣連任了二十七年的例子，而大法官的工作爲何？不過是舉手罷了。以前的大法官因爲扮演御用學者、御用大法官的角色，因此在參加大法官會議時只要舉手即可，一舉手就能連任，一連任就是二十七年，甚至去世時都還要覆蓋黨旗、國旗，這是很不可思議的。大家都希望大法官能本著良知良能來解釋憲法及統一解釋法令，因此我們明文規定不管任期爲九年或十二年，都不能讓大法官有連任的機會，不給予他們有享受一輩子榮華富貴的希望。如此一來，他們就會因爲自己再也沒有機會擔任大法官而戰戰兢兢的本著良知良能來解釋憲法，扮演憲法守護神的角色。」（第三屆國民大會第二次會議第二十六次大會速紀錄第五十二頁修正案第九十五號說明）

3.陳新民大法官有謂：

「我國在民國八十六年修憲將大法官的任期改成以一次爲限，這個在修憲過程中突然出現，亦即不在執政黨規劃及與民進黨事先協議的提案，將嚴重影響大法官經驗的傳承，……」（參見《憲法學釋論》，陳新民著，一〇四年五月修訂八版，第七六四、七六五頁）

綜上說明，憲法增修條文第五條第二項「司法院大法官任期八年，……不得連任」之規定，經探尋修憲意旨所指，參照德國、義大利立法例，並兼顧釋憲公信力，就是指「一生只能做一次」，甚爲明確。持再任說者，僅以文義爲依憑，將「連任」與「再任」強加區分，難稱妥適。何況即便按照條文文義解釋，將「不得連任」解讀成「一生只能做一次」，也無窒礙，「可以再任」反而逾越了文義解釋。

守得雲開見月明

文◎戴章皇

二〇〇九年綠色逗陣發起之時，郭瑤琪前部長明知綠色逗陣的反國民黨立場，毫不迴避、義無反顧地擔任綠色逗陣之友會秘書長，並負責八八風災綠逗多項「小林村賑災計劃」的推行。後來二〇一二年大選綠逗爲綠營及小英站台時，她明知時機敏感，仍沒有迴避，結果被「國民黨開的法院」判處重刑，綠逗非常認可她入監前所說的：「我不是貪汙犯，我是政治犯！」

是什麼樣的折磨，讓一個原來一切都好的人淪落至此？一個家庭和樂、身體安康的好人在兩、三年間乾坤驟變，父親辭世，抑鬱致癌！她是前交通部長郭瑤琪。

二〇〇六年十二月二十六日晚上，對過去執政團隊中最佳「救火隊」，有「政壇鐵娘子」之稱的前交通部長郭瑤琪而言，無異是個驚天動地的夜晚！北檢與南檢聯手以台鐵台北車站商場整建營運傳出弊端爲由，由北檢主任檢察官莊俊仁與南檢主任檢察官曾昭愷、檢察官吳文政等三人，指揮調查局北機組與南機組共五十多名調查員，兵分多路搜索台北縣市、台中、高雄、屏東等地，包括業者辦公處所、工程單位、相關工地與重大當事人的住所等，查扣銀行帳冊與票券等事證。

其中車站整建部分，前交通部長郭瑤琪被指在任內收受業者賄賂，檢方在台灣各地展開六處搜索行動，進而約談郭瑤琪、南仁湖集團負責人李清波父子與集團員工共九人；深夜十時許將郭瑤琪及李氏父子移送檢方複訊，六名南仁湖員工先獲釋回，北檢漏夜訊問李氏父子後，次日凌晨一時三十分釋回二人，並繼續偵訊郭瑤琪。

檢方尚未偵訊完成時，各大電子媒體已經搶先發出訊息，以跑馬燈表示「郭瑤琪坦承收賄」，記者報導內容則是：檢調掌握業者疑交付現金行賄郭瑤琪，郭瑤琪接受檢調訊問時強力喊冤。檢方聲稱，她與李家父子是熟識至交，李清波得知她的孩子計畫出國深造，而以長輩身分資助小孩獎學金，並不認為自己是在行賄，而檢調隔離訊問郭與李氏父子，比對證詞後認定雙方說法吻合；但檢方認爲這筆「獎學金」，應該就具有對價關係。

雖然後來所有的筆錄與偵訊光碟都證實，郭瑤琪從頭到尾都悍然否認「收款」的指控，顯然當晚有人故意發出錯誤訊息，導致眾家媒體鋪天蓋地報導「郭瑤琪坦承收賄」；百口莫辯的郭瑤琪在偵訊完畢後，一臉嚴肅走出北檢，透過電子媒體的「圖解」大放送，一位清廉、專業、親民、勇於任事的退休政務官，突然變成了十惡不赦的貪官，至於是誰違反偵察不公開，還放出「坦承收賄」的假消息混淆視聽？似乎變得一點都不重要了。因爲，除了指控人的口供之外，沒有任何一項證據證明郭瑤琪收了錢，還辦了事！最後卻能夠冤判八年。

頂著歷盡滄桑的白髮，罹患癌症保外就醫的郭瑤琪，正經歷辛苦的癌症化療與放療階段，她不僅失去自由、失去健康，也失去最親愛的家人。不過，大家可能想不到的是，郭瑤琪即使在獄中遭受如此重大的身心創傷，她仍然不忘她的社會責任。在獄中遇到幾位年輕的吸毒者，她覺得這些孩子的年紀也就與她的孩子差不多，因此她就像大姊或者媽媽一樣，在裡面與這些年輕孩子有很眞誠的對談，讓他們知道人生還是有很多希望，告訴這些孩子們未來不要再回來這個地方。而在她尚未入獄前，與朋友一同創立的「放學窩」課後照護計畫，也是她持續關心的議題。在獄中她仍然想著這些孩子的狀況，想知道他們的生活、學校的學習狀況。若說生命中閃爍著如此敦厚、溫暖個性的人是個「貪官汙吏」，實在有違天理！

至於郭瑤琪的先生，臺北科技大學設計學院院長彭光輝，這段時間爲了營救郭瑤琪心力交瘁。除了不斷與律師商討，希望透過「非常上訴」或者「再審」的管道爲郭瑤琪平反。甚至爲了持續郭瑤琪的溫暖關懷，還接下「放學窩」課後照護計畫的理事職位，無私地爲這些弱勢家庭的孩子奉獻。在家人遭受如此冤屈與挫折時，還能夠不忘記對社會的責任，恐怕並非每個人都做得到。

在新政府高舉「司法必須改革」大旗下，郭瑤琪的案子將是檢視新政府是否能夠改革司法的指標性案件。全民都拭目以待，期待郭瑤琪能夠守得雲開見月明。

有這樣的司法官，怎會沒有天大的冤案？

文◎彭光輝

《蘋果日報》日前刊登台中高分檢主任檢察官李慶義：「請問監委提名人員是天大的冤案嗎？」文章內容認定郭瑤琪收賄「罪證確鑿」，爲免誤導讀者，以下引〈回覆李大檢察官，這不是天大的冤案嗎？〉一文做爲回應，並提出郭瑤琪八年冤案簡述，敬請讀者公評。

「李大檢察官您說，李家父子去銀行提領、結匯兩萬美金，而有結匯紀錄，就可以證明錢是給郭瑤琪是嗎？您是否試圖隱瞞當時李氏父子領出的美金，對照郭瑤琪家裡存有的美金，鈔票號碼完全不符的事實？

並且，您以『李董有交代兒子送錢』以及『有打電話給郭瑤琪說茶葉不錯』的監聽譯文，一口咬定郭瑤琪有收錢！假設李大檢察官可以這樣論斷，哪一天我們打電話交代家人給您送錢（電話錄音爲憑），然後寄茶葉罐並附封信給您說：『那個茶葉不錯，你要用哦。』您豈不也罪證確鑿收了錢？您還隱瞞了調查人員竄改筆錄（郭瑤琪的律師有錄音證據），還有李宗賢根本講錯了茶葉罐數、顏色、錢放哪裡？沒有一樣是對的！您不會說您不知道這件事吧？李大檢察官，您說這不是件天大的冤案嗎？」

李檢察官不但不仔細推敲案情，還刻意隱瞞如此重要的事實，如果不是企圖混淆視聽，什麼才算混淆視聽？有這樣的司法官，怎會沒有天大的冤案？

前交通部長郭瑤琪遭司法冤判八年案件簡述如下。

一、簡述案件

郭瑤琪於二〇〇六年八月辭卸交通部長後，檢調單位監聽南仁湖集團疑涉浮報捐贈逃漏稅案，監聽到負責人李清波打電話給兒子李宗賢送兩罐茶葉，內放兩萬美元做爲幫助郭前部長兒子出國留學費用，檢察官吳文政逕改監聽紀錄並偵辦郭瑤琪，發動搜索。

雖經檢調長期監聽郭瑤琪家人、調查所有家人的銀行帳戶，且於兒子出國時搜索全身及行李，並遍搜郭家均無查獲南仁湖集團父子對話中的所謂兩萬美元，僅憑由被告轉爲汙點證人的李宗賢前後反覆不一的說詞，在無直接證據及補強證據下，檢察官指控郭瑤琪收賄協助南仁湖集團「搶標」「台鐵台北車站招標案」，並予起訴。

台北地方法院第一審及高等法院第二審均以無對價關係判郭無罪；因爲南仁湖集團根本沒有投標。但經高院檢察官再提起上訴，更一審逆轉，改依職務收賄罪重判八年、褫奪公權四年；雖經最高法院發回更審，應請察明「賄賂合意」的具體內容，然更二審高等法院卻以「實質影響力」及「不確定的犯意」搪塞，未針對最高院發回更審之理由做出說明，而維持更一審判決。郭上訴最高法院後，遭以程序不合駁回，全案判決確定。

二、本案的不合理簡述

1.烏龍監聽

台南地檢署吳文政檢察官查辦「南仁湖集團逃漏稅案」，因監聽負責人李清波電話指示他的兒子送兩萬美元資助郭瑤琪兒子出國留學費用，就逕行交辦改監聽與逃漏稅案毫無關聯的郭瑤琪，典型的監聽A案、改辦B案。

2.機場違法搜索

未成年兒子出國當天，機場檢調人員未出示搜索票及證件，以抽檢出國旅客的謊言欺騙對方，將其獨自帶離並搜索身體及行李，但未發現任何證據，事後也未道歉。

3.檢調放話、誤導媒體

在尚無具體事證足資顯示李清波之子確實把錢交給郭瑤琪的情況下，檢方就大肆搜索郭家，調查局南機組隨後放話媒體，誆稱郭家茶葉多達兩、三百罐，宛如茶行。檢調違反偵查不公開的規定，放話抹黑郭瑤琪，雖然北檢召開記者會公開澄清媒體的誇張錯誤報導並非事實，但已嚴重傷害郭瑤琪。

4.醜化栽贓、誘導筆錄

調查員惡意捏造郭瑤琪身兼「九二一重建委員會」執行長，坐領高薪不做事，蓄意誘導李宗賢做出不利郭瑤琪的說詞。

5.撕毀及刪除有利被告的筆錄

隔離偵訊中，郭瑤琪在了解檢調意圖後，主動返家將茶葉罐自行交予檢調單位，調查員赫然發現李宗賢先前的供詞與事實完全不符，竟將郭瑤琪提供之茶葉罐直接拿去給李宗賢看，誘導他修改原來說法，以看圖說故事的方式做成第二次筆錄。之後撕毀第一次已簽名之筆錄，並刪除電腦中檔案紀錄，明顯違反忠實呈現筆錄之作業原則，且對李宗賢說詞反覆之原因與責任，未善盡偵查責任。

6.調查員當庭偽證

搜索郭家當天，南機組調查員於扣押物品清單中，清楚載明六罐茶葉罐，但另一位並未參與搜索郭家的調查員卻於更一審法庭當庭僞證，謊稱郭家有兩百多罐未扣押的茶葉罐，惡意詆毀郭瑤琪形象。

7.檢察官複訊羈押恐嚇：

檢察官莊俊仁複訊郭瑤琪時，以羈押爲恐嚇：「你現在不承認，我們就要給你羈押。」還說「某某人再怎麼樣，就是囚車上上下下。」又說：「看你爸爸媽媽年紀那麼老，覺得不忍心。」實話實說的郭瑤琪，最後遭到《貪汙治罪條例》被告身分起訴。

8.沒有直接證據或補強證據

本案極盡監聽、搜索、清查等手段，皆未發現有兩萬美金的任何證據，只憑汙點證人李宗賢前後顚倒不一的供詞就定罪。陳述不實的被告李宗賢，獲得重作筆錄的機會，且李氏父子被告身分得以雙雙撤銷；只有收賄的被告，沒有送賄的被告。

9.汙點證人對唯一「證據」的說詞前後完全不同

被指為收賄茶葉罐的數目，李宗賢原先說是「兩罐」，後來筆錄改成「一罐」；茶葉罐的顏色，原先說是「絕對不是紅色」，後來筆錄卻改為「紅色」；裝茶葉的袋子，原先說是「塑膠袋」，後來筆錄改成「絲質蕾絲袋」；茶葉罐的材質，原先說是「鐵罐」，後來筆錄改成「厚紙」；比對李宗賢和公司會計小姐的證詞，放錢的位置一說在罐底、一說在周圍，兩人說法矛盾不一。

10.本案是招商案不是招標案，引用錯誤法條定罪

「招商案」適用《促參法》，「招標案」適用《採購法》，兩法規範精神與作業方式完全不同，況且南仁湖集團並未參與「台北車站招商案」之「申請投資」。招商案可以在公告招商後，於招商作業期間舉辦說明會，以積極手段廣邀投資者，並可以積極拜訪潛在投資人、或應投資者要求主動提出說明，以消解潛在投資人提出的疑慮，鼓勵更多的投資人申請，能使政府得到最大的利益。總而言之，招商案並「無資訊的機密性」。檢察官以郭瑤琪協助南仁湖「搶標」「台北車站招標案」

起訴，最高法院又以郭瑤琪協助南仁湖了解資訊而「不投標」判刑，兩方均錯誤引用法條，完全抹殺《促參法》的精神。

11. 無證據可資證明郭前部長與南仁湖之間有「行賄、受賄的合意」

判決全文並未看到郭前部長與南仁湖之間有所謂行賄、收賄合意的時間、地點、方式與內容。最高法院於發回更一審的判決時，明確指出應請察明「賄賂合意」的具體內容，並質疑李宗賢送茶葉在先（二〇〇六年七月四日），李清波到交通部反應台北車站招商案相關疑慮在後（二〇〇六年七月十八日），對照相關時間點，找不出事前合意的證據。然而在更二審時，高等法院卻以「實質影響力」及「不確定的犯意」來搪塞，武斷以未經證實的兩萬美金，推論雙方有對價關係。

12. 非常上訴草率駁回

該案雖經提起非常上訴，仍爲最高檢察署草率駁回，不僅未針對自訂之內規條列理由逐項說明，僅短短兩週時間就駁回，更且駁回的函文是以複製貼上最高法院的原判決文，其中甚至出現謬誤，證明最高檢完全不以人民權益爲念，草率處理重大案件。

總結而論，本案違反諸多相關審判法則，最根本問題是缺乏直接證據、無補強證據、無對價關係、引用法令錯誤（誤以《採購法》解釋促參案），且違反證據法則、論理法則、經驗法則、無罪推定原則、有疑唯利被告原則以及罪刑法定原則。

三、本案相關司法人員爭議事件

機關／本案職務行為	司法人員：媒體曾經報導的爭議事件。
南檢檢察官／監聽搜索	吳文政：人事關說、侵越職權、監察院彈劾。
北檢檢察官／複訊起訴	莊俊仁：利用職權喬債務、訪美遭AIT否決。
台北地方法院／判決無罪	
台北高等法院／判決無罪	
更一審法官／改判有罪	周盈文：裁定龍潭案阿扁有罪及馬英九特別費無罪、個人遷調爭議。 詹駿鴻：法評會議處、司改會評鑑裁判品質最差。 林海祥：受質疑故意枉判。

更二審法官／未針對最高院要求查明事項，仍改判有罪	陳明富：司法論衡報導以推測裁判、品質粗糙。 賴邦元：司改會評鑑裁判品質及法庭態度最差。 陳明珠
最高院法官／有罪定讞	謝俊雄、魏新和、吳信銘、蔡國卿、徐文亮：法官論壇曾抨擊該庭是恐龍法官、首創「實質影響力」判阿扁有罪。

馬的圖利及洩密明確　檢方別吃案

文◎黃帝穎

馬前總統涉及此二案件，皆有白紙黑字的行政調查書及法院確定判決書等明確且公開資訊，在在顯示馬英九涉犯《貪汙治罪條例》及三次洩密罪。

日前法務部針對全國檢察署進行首長調動，剛好各界質疑「吃案」護馬的台北地檢署檢察長蔡碧玉遭撤換，這也許是重建檢察官威信的契機，讓社會檢視北檢是否眞能公正執法、依法偵辦馬前總統相關貪瀆案件。

事實上，馬前總統涉及的大巨蛋案及黃世銘案，就目前已揭露的公文書相關資訊，便足以認定馬英九涉犯《貪汙治罪條例》的圖利罪及三次洩密罪。

依據台北市政府廉政透明委員會調查之「遠雄大巨蛋案，廉政透明委員會第一階段調查報告書（中華民國一〇四年五月八日）」，於報告書第二十至二十五頁所示，有關台北市政府大巨蛋案之議約，在二〇〇四年九月二十三日第三階段「第三次議約會議」的錄音檔顯示，時任台北市財政局長李述德提及遠雄打算都市計畫變更，具體地表示：「我也講一下，這協商主要是，因爲這是重大議題，所以特別由遠雄董事長跟市長親自見面，做一些溝通之後，大家有共識。」李接著談到營運權利金，竟稱「府裡的高層認爲乾脆這個部分就不提」，足證馬市長與趙藤雄親自見面後，擅自免除遠雄的營運權利金。

《促參法》第十一條第二款規定：「主辦機關與民間機構簽訂投資契約，應依個案特性，記載下列事項：二、權利金及費用之負擔。」再按台北市政府當時公告大巨蛋標案「徵求民間參與興建暨營運台北文化體育園區大型室內體育館開發計劃案申請需知」，第二．七規定「營運權利金：由申請人自行提出，按每年營業收入百分比計收」，亦有權利金的明文規定。簡言之，「營運權利金」爲台北市大巨蛋標案之法定應記載事項。

但台北市政府與遠雄最終簽約，大巨蛋案合約書第十二條竟變成「權利金：本計畫無權利金」，足以證明時任市長馬英九私下對趙藤雄同意免除「營運權利金」，係「明知違背法令」，以事後修改合約的方式，棄守台北市政府權益以圖利遠雄，即馬前市長涉犯《貪汙治罪條例》之圖利罪。

尤其甚者，依據台灣高等法院黃世銘洩密案的確定判決書，馬英九至少犯三次洩密罪。依據台灣高等法院一〇三年矚上易字第一號判決書（即前檢察總長黃世銘洩密罪判刑定讞之判決書）揭示，時任總統馬英九於二〇一三年八月三十一日拿著黃世銘的偵查中秘密，對羅智強及江宜樺做第一次的洩漏，構成洩密罪；九月一日馬英九要求黃世銘到官邸繼續做偵查中個案洩密行爲，爲一次教唆洩密罪；九月四日馬英九要求黃世銘對江宜樺洩密，黃依職務報告並無犯意，馬構成二次教唆洩密罪。

簡單地說，黃世銘有罪定讞的判決書，清楚指出馬英九有三次洩密犯罪行爲，馬前總統曾任法務部長，竟爲了政爭，踐踏「偵查不公開」原則，毫無法律素養並破壞民主法治原則。馬前總統涉及此二案件，皆有白紙黑字的行政調查書及法院確定判決書等明確且公開資訊，在在顯示馬英九涉犯《貪汙治罪條例》及三次洩密罪，只要檢方不吃案，馬的圖利及洩密明確，沒有不辦的法律理由。

馬四大案，北檢已二度打臉馬英九

雖然目前表面看起來，追究成績一勝一敗，但兩案北檢的起訴書與簽結理由，其實都「打臉」馬英九。

文◎黃帝穎

筆者參與的「永社」義務律師團究責行動，告發前總統馬英九貪瀆案件計有四案，分別爲：黃世銘共犯洩密案、大巨蛋圖利遠雄案、馬習會洩密案及財產來源不明案。台北地檢署已就馬教唆黃世銘洩密案提起公訴，另簽結馬的財產來源不明案，雖然目前表面看起來，追究成績一勝一敗，但兩案北檢的起訴書與簽結理由，其實都「打臉」馬英九。

首先，馬英九與時任檢察總長黃世銘共犯洩密案件，雖然馬英九一再宣稱「大是大非」，辯稱該案是爲了追究「行政不法」的關說，但北檢起訴書清楚查明，馬二〇一三年八月三十一日深夜接收黃世銘洩密的專案報告，文書上白紙黑字載明還有後續偵查作爲，毫無疑義是「偵查中案件」，馬強辯的「行政不法」根本不足採信，更足證馬明知是偵查中案件，竟爲了鬥爭國會議長王金平，而洩密給行政院長江宜樺和總統府副秘書長羅智強，觸犯洩密罪。

就此，北檢甚至引用馬擔任法務部長時批示的「偵查不公開」公文、馬競選總統時的「人權政見」，以及馬擔任總統時批示的「人權兩公約」等，當作馬明知故犯的證明，在起訴書中，對於馬毫無悔意及其團隊毫無法理的強辯之詞，公然打臉馬英九。

其次，北檢雖簽結馬英九財產來源不明罪，但簽結理由透露端倪，形同認證馬英九「六三三」跳票之餘，沒有依承諾「捐半薪」，這是二度打臉馬英九的誠信與人格。

該案的事實經過很單純：筆者針對時任行政院長陳沖在立法院答詢時說，馬總統告訴他，每個月都捐出超過一半的薪水，但衡諸馬的存款積累顯難相符，因而認爲馬總統有財產來源不明之虞。因爲依據可考查的資料，馬月薪四十七萬餘元，六三三跳票後捐出半薪，竟然還能月存四十八萬元，每月顯有二十多萬元的不明財產入帳。北檢最後簽結理由，乃是以馬未捐半薪爲計算基礎，從而認定其財產合法，這形同認證馬「捐半薪」的承諾跳票。

事實上，馬英九競選總統時承諾「六三三」經濟政見，更承諾六三三若跳票，會「捐半薪」不領，這讓時任閣揆陳沖在立法院答詢時，公開轉述說馬總統捐一半以上的薪水。因此北檢追查馬英九財產來源不明案時，以證人身分傳喚了陳沖，陳證稱，當時因民間對軍公教年金的質疑甚囂塵上，因此與時任總統的馬英九討論高級官員捐薪議題，討論過程中，馬有提到自己有捐薪，且達薪水的一半。但最後在簽結此案時，北檢認定馬沒說「每年」都捐款逾半；也就是說，北檢計算馬當年度可以月存四十八萬餘元，是因爲認定馬捐半薪之說不實。這是北檢「打臉」馬英九不守承諾，也打臉陳沖在立法院答詢時，等於以不實的說法爲馬護航！在政治責任上，馬英九與陳沖「說謊」業經北檢認證，他們欠人民一個道歉。

總計筆者義務告發馬的四個案件中，洩密案即將進入司法程序，財產不明案雖已簽結，但是非在人民心中自有定奪，所餘大巨蛋圖利遠雄案及馬習會洩密案都證據確鑿，只是尚未偵結，仍有待北檢更積極辦案，期能重建人民對檢察官公正執法之信任。

兆豐金的祕密？人民有權逐一檢驗

兆豐借給國民黨事業的一一二億元，若以黨產設定擔保，則依據黨產條例，未來恐怕無法追回這些黨產！

文◎黃帝穎

媒體報導，兆豐銀行紐約分行違反《反洗錢法》遭美國重罰五十七億元震驚台灣，其中捲入風波的兆豐銀行巴拿馬分行早在二〇一三年就被巴拿馬政府罰款兩萬美金，時代力量立委黃國昌請金管會解釋，金管會竟將其列爲「密件」，讓黃國昌痛批：「擺爛卸責是國家機密嗎？」

更荒謬的是，前金管會主委、國民黨立委曾銘宗針對媒體依據兆豐金年報指出，兆豐董事長蔡友才任內，兆豐銀借款給國民黨黨營事業的金額逐年攀升，至二〇一五年底甚至增至一一二億元。曾反嗆「金額都不對」，是有心人士把金額炒作講太高，但貸款多少是機密不能說。

然而，除了偵查不公開原則，是檢察官對兆豐金暫時無法對外說明兆豐金案偵查核心的理由之外，金管會對兆豐金的把關是否行政怠惰？調查局是《洗錢防制法》第七條及第八條明文的申報主管機關，在馬政府執政期間對兆豐金是否依法行政？這些都不該是秘密，未來應給人民清楚交代。

暫且不論時任金管會主委曾銘宗的不負責任說法，兆豐借給國民黨事業的一一二億元，若以黨產設定擔保，則依據《不當黨產條例》，未來恐怕無法追回這些黨產！就算政府完整追回這些設定擔保的黨產，但國民黨若無法清償對兆豐的高額借款，這筆爛帳一樣是全民買單。因此，全民對於兆豐金行為是否合法，有檢驗的權利。

更何況，依據現行《不當黨產條例》第七條規定，善意第三人於不當黨產應移轉為國有、地方自治團體或原所有權人所有財產上存有之租賃權、地上權、抵押權或典權等權利，不因此而受影響。則國民黨營事業向兆豐金借貸如果以黨產設定擔保，一旦國民黨營事業無法還款，則兆豐金必然主張是「善意第三人」，因此對黨產的抵押權繼續存在，並可以聲請拍賣抵押物，政府追回也沒用。

兆豐借錢給國民黨營事業，就是全民有權檢驗的大問題。國民黨向兆豐高額貸款並設定擔保，就算這些黨產被黨產處理委員會認定為不當，但因抵押權繼續存在於善意第三人，可能被兆豐聲請拍賣，而無法將黨產還於民。縱算兆豐不算善意第三人，因此設定擔保的黨產可以被政府追回，但因兆豐有官股，國民黨欠兆豐的高額借貸若無法償還，也是由全民買單。兆豐金與國民黨的關係，檢察官應查明真相，公民更該予以監督。

此外，對於金管會的責任問題，立委黃國昌指出，美方的調查報告在二月出爐，兆豐金則是在三月回覆，而金管會應該是在五月份就收到調查報告。但直到近日裁罰結果出爐，金管會才決定成立專案小組，不解這段期間金管會做了些什麼，直言：「我們的金管會是在睡覺嗎？」

綜上，兆豐金不論是被美國罰款五十七億元，或是高額貸款給國民黨營事業一一二億元，這些錢都有人民納稅的血汗錢在內，因此對於金管會是否就兆豐金的把關行政怠惰？調查局是《洗錢防制法》第七條及第八條明文的申報主管機關，在馬政府執政期間對兆豐金是否依法行政？這些都不該是秘密，未來應給人民清楚交代。

從「約翰‧馬歇爾精神」談司改創新的力量

馬歇爾有明晰的政治主張，但沒有黨派利益考量，他認爲一個堅強而公正的聯邦體系，是美國國家意識具體的核心價值。

文◎金守民

這陣子社會議論司法改革，我常常回想到小時候在美國上公民課時，讀到美國第四任首席大法官約翰‧馬歇爾的故事（Chief Justice John Marshall）。連我爸爸，一位一九六〇年代台大法律系出身的老律師，在美國也當律師，最近看到韓國大法官彈劾朴槿惠總統，在家裡也談起司法該有的「約翰‧馬歇爾精神」，我很感動。美國今天享有兩百多年的司法獨立，說馬歇爾大有貢獻，應是太低估他在美國法治歷史上的重要性，美國整個堅固的司法權簡直就是他建立的。

司法權正常，國家才會正常

無可質疑，司法獨立與司法權的正當性是國家的基石。法國啓蒙時代思想家孟德斯鳩（Montesquieu）認爲，司法權就是國家多權統治裡最重要的一權，它必須要實質獨立；要是司法權運作不正常，對國家是非常大的威脅。所以「約翰．馬歇爾精神」不是美國獨有的，也不是美國獨需的，而是每個國家——包括台灣和韓國——在他們自己的體系裡，都要善用各自既有的資源，去努力追求的。

或許現在大家普遍認爲，司法獨立在國家正常運作中是理所當然的，因爲法官就是維持社會遊戲規則的人，當然法官要不受政治力干擾、有獨立辦案的權力；不過孟德斯鳩的理論與馬歇爾建立司法權的故事顯示出的是，現代民主國家享受的司法權，並不是一個正常的憲政體系會自然產生的現象，而是有遠見、有創意的先人，用理論與作爲所建立起來的一個系統，一個給社會大眾的遺產，可以長久運作下去。先人留下來的遺產很寶貴，一方面要珍惜，另一方面，隨著時代的改變，隨時要維修與保養，有時候甚至還要提升。所以，談到改革，我們需要做的不只是要建立新的制度，還要尊重歷史、溫故知新，有創意地利用與提升既有的文明遺產。

馬歇爾之前的年代，美國憲法上雖有三權，可是實際上相互制衡的，只有兩權，就是行政權與立法權。這反映了美國早期從英國繼承來的政治傳統：君王（行政權）與國會（立法權）角力，互相制衡，造成了兩權治國的現象。憲法上權力分立是結構，制約與平衡（checks and balances）是運作，但是結構並不等於運作。理念上有分權不表示它們會互相制衡，分立的權力常會有互不干涉的現象；政府工作各自分擔，你行政、我立法、他辦案，各做各的。再來，法官由總統提名，有哪位總統會故意提名要制衡他的法官呢？十七世紀初英國人有提到司法審查（Judicial Review）的概念，用司法權來制衡、抗拒不當法條，不過英國歷史上從來沒有法官推翻過國會的立法；在英國憲政體系裡，國家的最高獨立主權在國會。

馬歇爾建立司法獨立的優秀傳統

美國建國初期，最高法院辦的案件不多，也沒有什麼功能；在三權分立的制度下，大法官比起其它兩權的官員算是「小咖」。在華盛頓特區，總統有白宮，國會有國會大廈，但是最高法院連個建築物都沒有。直到馬歇爾當上首席大法官改變了這一切，他發揚了最高法院的功能，美國司法權從此崛起，也建立了美國司法獨立的優秀傳統。在他任內，最高法院成為捍衛人民憲法權的支柱，憲法被定位為國家、也是聯邦政府恪守的最基本原則，司法審查從此可以制衡行政權與立法權、以及由兩者產生的反人權或違憲的政治迫害與威權主義，聯邦法官從此有責任去推翻地方惡勢力在背後撐腰的法律與政策。一個人人不放在眼裡的國家機關，馬歇爾用他多年律師、法官、政壇官員的智慧與願景，灌注他與同仁的活力與才能，改造重塑了（re-invented）最高法院，而且在過程中，他也創造了（invented）今天世人所謂的制約與平衡。政府建立在「法治」而不是「人治」，這種觀念歐洲人很早就發展出一套理論，不過是從馬歇爾開始，才把理念落實應用在政府機關的實際運作上。一位法律人的創意構想，充分發掘出長久被忽略的本土資源，成了今天全世界國家現代化的指標。

馬歇爾一輩子都是一位黨派政治意識非常強烈的人，從年輕時他就是很堅定的聯邦主義者（Federalist），他和第二任總統老亞當斯（John Adams）都衷心相信聯邦政府才是國家的核心，不是地方政府。因此他跟他的表哥，也就是第三任總統傑佛森（Thomas Jefferson）理念不合，互相看不順眼。傑佛森是「民主共和黨」（Democratic-Republican Party）的創黨領袖，認為國家多元的基礎在州政府，而聯邦政府的權力應該限縮。他們兩位有血緣關係，家庭背景也很相似，父親那一代都是從英國移民到美國，娶了當地望族朗道夫家（Randolph family）的女兒，都從事土地測量員的工作，而且還同屬一個老闆，兩個兒子都是出生在美國的第一代。但由於政治理念不合，傑佛森視馬歇爾為政敵，馬歇爾也是一輩子質疑他表哥的人格。

他確立了國家法治精神

有趣的是，當傑佛森聽到馬歇爾要擔任首席大法官，非常高興，因爲司法機關在那個時代是積弱不振的，他認爲這表示他的政敵的勢力在走下坡。不料接下來馬歇爾簡直就成了傑佛森總統任內的最大噩夢，在他領導下的最高法院，一方面界定了司法權的權限，不去介入其他兩權的政治角力，堅持三權分立；另一方面，建立最高法院爲釋憲機關，聯邦司法制度獨立審查並抵制違憲的不當政策與法條。從另一個角度看，一方面大大擴張了大法官與聯邦法官的權力；另一方面又把法官的職責純粹化，認定爲解釋法律、尊重法定證據的工作，讓法官不受到外在的政治壓力。傑佛森總統大大不悅，他認爲釋憲應該是總統而不是大法官的權力，但在馬歇爾建立的法治制度裡，釋憲權在最高法院，因爲總統是政治人物，有他的政治考量與私人野心，而法官則是法律人，他不是要表達自己的意見，而是要根據法定證據來做裁判。

馬歇爾剛好也很長壽，他當了三十五年的首席大法官（一八〇一～一八三五），徹底地鞏固了他建立的法治制度，對美國做出了很大的貢獻，確立國家法治精神。因爲司法權可以制衡立法與行政權，老百姓看到了法治無所不在，連總統主導的政策、國會議員從事的立法，都要符合憲法，連政府官員執行任務都會受到憲法的檢驗，國家怎麼可能是人治呢？

馬歇爾固然有明晰的政治主張，但是沒有黨派利益的考量，他的政黨立場沒有干擾到他擔任首席大法官的職務，他的辦案除了執行司法審查以外，也充分而具體表現出司法克制（Judicial Restraint）；反倒是他的政治思想正好成爲他建立司法公正與國家意識的基礎，他認爲聯邦政府比地方政府重要，聯邦法的位階也比地方法高超，對他來說，一個堅強而公正的聯邦體系，是美國國家意識具體的核心價值。

監察權也可廢物利用

近來「綠色逗陣」有意要讓台灣社會重視監察權的存在意義，這是一個長期被視爲弱勢的國家分權，但在威權轉型爲民主的時代，可以把它發展爲一個隔離司法權於政治勢力侵入的工具，在某種意義上，這不就是台灣需要的「約翰・馬歇爾精神」嗎？這個發想創意，來自對我們現有的政府資源的珍惜，在改革的過程中不輕視本土所有的智慧財產，而是了解到台灣現有的機制可以是改革的基礎與未來進步的力量。「廢物利用」就是法治改革最環保的理念。

或許你認爲監察權是從中國來的東西，所以不能稱爲「本土」的資源，不過話說回來，我們的總統大位、立法院，也都是從那裡來的。不可否認，台灣的政治資產大多來自國外或外來政權，不過卻是在本土環境裡，台灣人才一代一代的研發出現代化的運作功能；機器或許是別人製造的，但是我們經過長期使用，才徹底了解了機器的效能、維修與改進之道。監察院已經是我們擁有多年的資產，我們不應該輕言丟棄，而是讓它發揮前所未有的正當監督功能。

改革總會引起社會批評與一些民眾的不安，從發展監察權來促進司法獨立與公信，一面經營司法改革、一面也供應了穩定人心的力量。監察院是台灣人多年所熟悉的制度，比起外來的制度，民眾較不陌生，也不會對它強烈排斥，改革從本土出發是最穩重的。過去威權時代，台灣人知道總統很大、行政院很大、國會議員是大官、地方的議會也有它們的勢力，不過這些機構的權威也意味著它們的罪惡與腐敗，台灣人討厭政治人物其來有自。相對而論，監察院過去儒弱無聲，民眾對它卻也不特別有什麼惡感。建立政府的公信力，或許正可以從這個機關開始做起。

輯五

國際觀察

太平島為什麼不該是島

文◎白丁

國際社會在南海的最大利益是和平穩定、自由通行，其保障是法治，透過《國際海洋法公約》立法與釋法，把可能產生矛盾衝突的情況簡化、排除。從這個意義上說，太平島不應被定義爲島。

這次海牙仲裁庭的仲裁，有兩個最大的看點：

第一、判定「中國對『九段線』內海洋區域資源所主張的歷史性權利，沒有法律依據……，（因爲）儘管歷史上中國與其它國家的航海者和漁民利用了南海的島嶼，但並無證據顯示歷史上中國對該水域或其資源擁有排他性的控制權」。

第二、認定中華民國實際控制的太平島不是島，而是岩礁，不具有二百海里專屬經濟區。

對第一點裁決，除了中國政府和被他們煽惑的民眾，世界上所有主要國家和相關國家，包括六月底才與中國簽了結盟性質的《加強全球戰略穩定聯合聲明》的俄羅斯，都內心高度認同，暗中鬆了口氣——中國獨霸南海的企圖，在法理上徹底失敗。

對第二點裁決，在台灣的中華民國政府和民眾表達了強烈不接受的立場，但也生怕和中國對南海的領土、領海要求牽扯到一起，沾上與國際社會爲敵的晦氣。

海牙仲裁庭認定〇．四五平方公里的太平島，不是自然形成的人類棲息地，沒有可自力更生進行經濟活動的環境，沒有經濟上可長可久的生存空間。雖然在外部投入的情況下，政府的派駐人員可以存活，但從來沒有自發的社會組織出現和繁衍，只有路過的漁船會在那歇腳、避險、補充淡水。因此，有淡水，能存活，在外力支持下可發展，仍不足以將其定義爲島，也不足以認定它周圍的二百海里爲專屬經濟區——那裡根本就沒有自主自發的人類群聚和經濟活動。既然不是島，但又不是淺灘和低潮高地，所以認定爲岩礁。請注意，南海所有類似地形地貌、地質構造都將如此認定，並非專門針對太平島。

爲什麼《國際海洋法公約》仲裁庭不能將此種地質構造定義爲島？南海地處亞熱帶／熱帶，每年都有豐沛降水，岩礁的地質構造若能防止海水滲透，就會有淡水存留，在外力支援下，就可能出現適於人類生存與發展的環境；事實上，以今天的科技，人類在外太空的存活都可能實現，何況南中國海的島礁？那接下來就要問，爲什麼沒有一般人生活在那裡？太遠、太小、沒有足夠的淡水可從事種植和養殖，也沒有其他野生動植物，簡單的捕撈又因遠離市場而無法維持生計，這些都是現實的限制。你看《魯賓遜漂流記》，他與「星期五」可以在荒島上狩獵、採集、種植、養殖、營建，那裡甚至還有開化前的野人。與魯賓遜的荒島相比，太平島和南海中所有類似地質構造，被定義為岩礁，看起來就沒有那麼不合理了。

島和礁的實質差別，就在是否擁有二百海里專屬經濟區。如果太平島這樣的地質構造都被定義為島，南中國海會產生許多重疊的專屬經濟區，加劇南海島礁的歸屬糾紛；更重要的是，以現代工程技術水準，可以造島，人為地滿足「有淡水，能存活，在外力支持下可發展」的條件，憑空又生出許多專屬經濟區。此一地區中經濟實力與軍事實力最強的中國，將可以透過不斷地造島，把專屬經濟區延伸到人家的領海，甚至遮斷國際航道。

人類的一切法律規章都是人自己訂出來的，都是為了人的利益有目的地制訂的。但是人和人的利益常是有衝突的，所以在一個公平的社會裡，立法和法律解釋、法律施行，只能以最大多數成員的最大利益為目標。國際社會在南海的最大利益是和平穩定、自由通行，而這個最大利益的保障就是法治，就是透過《國際海洋法公約》的立法與釋法，把可能產生矛盾衝突的情況簡化、排除。從這個意義上說，太平島也不應被定義為島。顯然，法律不能只照顧一部分人的情感、立場與主張，它應該是普遍適用的。

台灣因此蒙受多大損害呢？冷靜想想，沒多大。首先，太平島主權和十二海里領海權還是在台灣手裡；其次，台灣與國際社會、與美國保持一致，伸張國際正義，服膺國際法制，同時也提高了自己的國際地位；再者，二百海里專屬經濟區的資源，你不能開採，別人也不能開採，你並沒有失去。記住：南海沒有島，只有礁，把中國因素排除後，通過相關國家集體談判，總可以找到解決的辦法。事實上，在全球一體化和市場經濟條件下，如果這些資源值得被開採，它早就被開採了。也有一種可能性是，資源固然持續在減少，但在這些資源值得被開採之前，新的更廉價、更清潔的替代能源就已經出現，以致南海資源永遠都不會有人想開採了。那時你再回想今天的民族主義壯懷激烈，你會感到可笑。

爲什麼要排除中國的因素呢？因爲中國的動機一不是領土，二不是資源，就是爲了挑戰美國主導的國際秩序，藉煽動民族主義，在「全世界都欺負我們」的悲情中，無中生有地提升一黨專政的合法性。

你看，被俄國割走了一百五十萬平方公里土地後，中國領土還有九百六十萬。近些年中國經濟靠基礎設施投資拉動，西部大開發，「一帶一路」戰略，拓展了中國人的生存空間。不說鐵路、公路、機場，光是蓋成之後空關著的城市新區，就能容納三十四億人居住。那爲什麼還要跑到遙遠的南海去造島呢？眞要填海，中國有漫長的海岸線，有大量建築渣土，那不比到南海去吹沙造島成本低嗎？若說爲了專屬經濟區的資源，我們只看到人造島上的跑道、雷達、導彈發射架，怎麼沒有聽說什麼勘探開發計畫？再說以中國的經濟實力，它要什麼資源都能在世界各地買到，礦山、油田、森林、牧場……，唯一的不滿意就是這些不在南海。

所以中國的南海戰略，和「自古以來」，和「老祖宗留下的」，和「民族振興」，和「中國崛起」等等，都沒關係，它拖定的宗旨就是，通過騷擾南海自由航行，來和美國製造摩擦，企圖把美國擠走，讓西太平洋成爲中國的勢力範圍，套用「大領導」的話說：「太平洋足夠寬闊，能容得下中美兩國。」即使這個戰略目標達不到，只要我們控制好不眞和美國開戰，這個愚弄中國人民，用民族主義煽動反美、反日、反西方、反民主自由、反人權的過程，就足以讓中共集權統治安然度過建黨與建國的「兩個一百年」。

所以有人說國際仲裁反而幫了中共的忙，它本來就不想解決問題，只想找事端凝聚民氣。但問題是「死十億人還是第二大國」這樣的炒作，能持續多久？演習來演習去，亢奮疲勞，何以爲繼？特別是在經濟放緩條件下與全球爲敵，經貿關係受影響，後果堪憂。

有人吵著中美今晚就開戰，是典型的弱智愛國。現在這股濁浪又捲向 iPhone、肯德基、趙薇、馬雲，說三大門戶網站中的外資控制了中國的輿論。這麼愚蠢的國度，這麼容易被煽動內亂的國度，哪有半點崛起的氣象？

白丁又要說一個小孩子都懂的道理了：眞要中美開戰，美國會不增兵、不提升警戒、不進行外交交涉？什麼都沒有，不動聲色，美國媒體——除了不許向美國人播音的《美國之音》——根本一個字都不報導中國的反應。爲什麼？因爲這是專爲全世界最缺乏常識、最弱智的中國老百姓上演的一齣戲，全世界都只有看熱鬧的份。

如果太平島爲什麼這樣仲裁的道理你看明白了，那就別跟著全情投入地湊熱鬧啦。像那幾個九〇後的孩子說的：「我們不 care。」

我住在川普國

每當一個國家選錯人當總統，窮人是第一受害者，但是選錯總統肯定不是窮人或低階程族群單獨要承受的責任。

文◎金守民

這次美國總統大選，我家在田納西（Tennessee）鄉下的親戚、朋友和鄰居絕大部分投川普，身爲一位台裔美國人，我和先生看到川普當選美國總統，感到非常痛心及憂心，雖然我們家社區的人大多投川普，但是我們家非常痛恨他所代表的狂暴、威權與墮落。我的公公一向支持人權、公平、正義，要是他還在世的話，他肯定非常痛心。近幾天看到電視名嘴對川普當選的評論和網路上台灣網友的意見，我認爲川普國（所謂川普選民）的心態——這次川普當選的原因，不是中產階級或工人階級白人的經濟問題，而是普遍白人意識型態的問題。請不要把選擇川普的責任和罪惡賴到窮人（白人或黑人）或低收入、低教育的人的身上。每當一個國家選錯人當總統，窮人是第一受害者，但是選錯總統肯定不是窮人或低階層族群單獨要承受的責任。

在川普國，極端的意識型態讓選民對現實生活沒有關心或連結

田納西州有《學校反反霸凌法》，沒錯，不是反霸凌，而是「反對反霸凌」！共和黨多數極右派的州參議會反對反霸凌，因為霸凌是基督徒在學校表達言論自由的方法。反霸凌法保護學校全部的學生，包括同志（LGBTQ），基督徒痛恨同志汙染基督徒純真的異性生活，為了捍衛保守的基督徒言論，因此同志必須被譴責及懲罰。另一個例子，田納西州為了防止穆斯林移民，州政府通過《反伊斯蘭教法》，把上清真寺變成犯罪行為。為什麼犯罪？因為白人擔心清真寺裡面有恐怖分子。

我是第四代的基督徒，但我完全不認同極右派川普國的基督教，對本地人來說，基督教等於白人文化、白人意識、痛恨外邦人和異端人士。田納西的教堂可以帶槍進去，這些所謂的基督徒認為，萬一穆斯林聖戰士在教堂裡跟他們開戰，才有武器可以打仗。對我而言，上帝不在這些教堂裡，上帝是愛，不是仇恨、戰爭，我不帶小孩去這麼危險、精神汙染這麼大的地方。

二〇〇八年美國金融海嘯時，田納西很多白人家庭擔心經濟問題，歐巴馬上任後不久便恢復人民對經濟的信心。典型的川普粉絲嘴上罵歐巴馬沒有把經濟做好、中產階級變窮了，

實際上這些人都是過得好、睡得好、吃得好的中產階級白人，經濟議題的背後就只是意識型態！

我先生的表弟道格（Doug）是典型川普粉絲，太太是護理士，他有很多農地，除了工廠的工作外，他飼養牛隻帶來不錯收入，他和他的姊妹比他的父母接受到較多教育，也享受比上一代好的生活。但是他不高興看到墨西哥、印度、巴基斯坦移民來鄉下做工、經營汽車旅館、開加油站，他認為自己是高尚驕傲的白人，為什麼社區「淪陷」到這地步，有色人種搶了白人的工作。當他的姊姊表示支持希拉蕊時，他恐嚇著打她。道格的兒子泰（Ty）八歲了，應是讀小學三年級，可是泰不識字，只喜歡看西部牛仔電影及影集、玩玩具槍和玩具農場。道格讓泰上極端右派基督教學校，每學期必須付美金一萬五左右的昂貴學費，學校對家長說，讀私立基督教學校小朋友才不會在公立學校學壞，並在基督教學校學習敬畏上帝。但是，泰不崇拜上帝，他崇拜爸爸道格，當爸爸恐嚇要打姑姑時，他大喊：「我爸爸一定不可能錯！」經過家人苦勸，道格終於同意讓泰轉到公立學校，因程度較差就讀二年級，上了一個月，學校把泰降到一年級，花了十幾萬美金的學費換來的是他兒子不識字！

或許我們可以說鄉下人無知，不過在美國南方，受過高等教育的都市人的意識型態也不遑多讓，甚至影響更深。在鄉下，無論多討厭有色人種和移民，大家都住在同個社區。在都市，中產階級白人住在遠離有色人種的區域，同時痛恨少數民族。亞特蘭大（Atlanta）郊區的白人一致極右派，認為所有的髒亂罪惡都是移民造成。舉個例子，我的一位同學和先生都是南方人，她很驚訝自己的媽媽認為歐巴馬出生在非洲，不能當美國總統；她的姊姊哈佛法律系畢業在亞特蘭大當律師，卻每天表達對族群仇恨的語言。再舉我先生住在亞特蘭大的親戚為例，他們一致認為膚色越黑就是越髒、越沒文明。以及，我先生的表弟約翰（John）是田納西州數一數二的大地主，經商暴發以前當律師，是共和黨重要金主之一，當年選舉給共和黨的政治獻金至少一百萬美金，小布希總統來到田納西要見他，州長隨時要接他的電話。約翰是一位有受過高等教育、有看過大場面的人。當親戚中有人批評川普對有色人種、猶太人、穆斯林、女人和同志的歧視極不道德時，他和小他三十歲的老婆則是一副很不屑、很受委屈的表情。因為意識型態，他說：「對，柯林頓謀殺了他自己的親信福斯特（Vince Foster），歐巴馬不是我的總統，他是非洲人。」如此一來，他在其他共和黨金主面前才有面子，表達他對黨的忠心、維持高尚白人的尊嚴。

我和先生在台灣教書，寒暑假回到在田納西的家，偶爾跟親戚見面覺得還可以忍受，並不是每位親戚朋友都是極右派洗腦意識型態很重的人。有位表姊和表姊夫非常欣賞希拉蕊，有位表外甥女在當律師為新移民爭取人權，自己的先生也是墨西哥移民。老一輩的長輩，因為一九三〇、四〇年代羅斯福總統帶給貧窮的鄉下水利、電力和電信的設施，而且是整個社區以合作社的方式來經營，他們很多都還是習慣投民主黨，但是這些老人家漸漸都老了，下一代竟是支持極右派川普的基層。

鄉下生活單純，小朋友可以接近大自然，我們很喜歡假期待在田納西，不過，本地人對槍彈可說是毫無管制。我在槍彈管制嚴格的紐澤西州長大，全美國槍彈暴力最低的一州，所以我很不適應這種對槍彈這麼隨便的環境。

有天晚上我和小朋友入睡不久後，電話響了，是警察局的錄音通知：「附近有嫌犯剛搶店家，沒開車，自己一人帶槍在路上走。身上有武器，你有人身危險，要是他攻入你家請不要自行逮捕，請聯絡警察局或打九一一。」我聽了睡不著覺，「附近」可能在我家門外，或是遠在十公里外的高速公路。隔天早上我講起這件事，我先生的兩位表姊說：「別擔心，鄉下地方沒什麼犯罪，昨晚警察局長可能太興奮，竟然有人去搶便利商店，他想告訴居民他有在做事。」我先生的表姊夫笑著說：「這時候把獵槍放在大腿上，繼續看電視！」我說：「錄音的通知說不要親自逮捕他。」表姊夫笑著更燦爛：「當然不要逮捕他，要一槍給他斃命啊！」

白人至上的族群意識型態複雜並且微妙

我是黃種人，但是他們大多時對我不錯，因爲我在美國長大，用英文溝通，並且盡到照顧先生和小孩的責任。歐巴馬當總統，很多鄉下的白人親戚很喜歡歐巴馬的夫人蜜雪兒，認爲她很賢慧，是照顧家庭的好女人。很多人可以接受一位有受高等教育的黑人，或一位英文道地的亞裔美國人，對他們來說這些人超越了低等的族群。但是普遍在都市貧民區住的黑人、新移民來的亞洲人、拉丁裔人，對這些白人來講就是低級人種。

白人不是認爲有色人種、女人、猶太人、穆斯林和同志是笨或沒能力。黑奴時代，白人地主也是靠黑奴經營土地和財產的，不是嗎？白人地主了解黑人是聰明的。現在川普國的白人了解有色人種的人是有能力的。意識型態是無論現實、人格以及能力：「無論如何，白人、男人權力、威嚴至上，有色人種是可利用的，不過他們就像動物一樣，他們的命不重要、他們沒有人權。」二〇〇八年，有種族歧視的白人投票給歐巴馬，公開說：「我們要去投給那個黑鬼（Nigger）！」美國經濟崩垮了，他們知道是共和黨小布希總統搞來的大禍，他們就給民主黨機會，利用歐巴馬有能力，選黑人總統把經濟搞好，讓人民在現實生活上有安全感。

川普宣布參選總統，美國兩個族群認同他當總統，一是相信「白人至上」的白人，例如我先生的表弟道格，看到川普像是眞命天子，篤定是下一位總統。我知道一位有博士學位的商人，對政治沒興趣也從不投票，只在意賺錢，今年也成了川普大粉絲，認爲川普講的是「眞理」。像美國人說，男人們彼此在談戀愛了（Bromance）！第二個肯定川普一定會當選的族群，是黑人，尤其是老一輩的黑人。他們是最了解統治者，同時卻也是受害最深的人。老一輩黑人的父母、祖父母出生是黑奴，從小家裡對當黑奴受白人統治的年代有很深的記憶，一眼看到川普就說：「這個人是下一任的美國總統。」爲什麼他們知道？因爲他們了解，川普就是白人所喜愛的「主子的嘴臉」。黑人了解白人滿口文明、仁義、道德、愛心，一肚子是狂暴和肆虐。

共和黨的「南方政策」（Southern Strategy）

爲何純樸的鄉下社區現在是一個意識型態上充滿了排外、排異、仇恨、暴力的地方？共和黨要負很大的責任。二十世紀初，共和黨就是常常利用挑撥族群來得到白人的選票：「分而治之」（Divide and conquer）。把中產、工人階級分成白和黑，利用白人對黑人的優越感和不安全感來得到佔社會上多數的白人選票。一九六四年共和黨高華德選總統慘敗，黨大輸，卻在南方全勝。從此共和黨把提高普遍白人對少數民族和有色人種仇恨的意識型態，正式採納爲黨的「南方政策」，利用普通白人的意識型態來搞對立分裂選票，再來取得社會絕大多數的白人票。雷根和老布希的親信愛德華特（Lee Atwater），很明白地跟記者承認：

在一九五四年時，你開始會直接說：「黑鬼，黑鬼，黑鬼！」不過到了一九六八年左右，你不能再說「黑鬼」了，這會害到你自己，像開槍回火一樣。所以現在你講些像是「強迫黑白共乘公車」和「州政府的權利」之類的東西，越講越抽象，只談「減稅」，只談純經濟的事情，提這些事的一個副作用就是對黑人更爲不利。也許潛意識就有這個念頭，我可沒說就是這樣。我只是說，如果話越說越抽象，越像是加了密，我們是在設法避開種族問題。你了解我意思？說要減這減那，顯然比說「黑鬼，黑鬼」抽象多了，甚至也比「強迫共乘公車」抽象多了。

——方騰（Ben Fountain），〈美國十字路口：雷根、川普，與在南方的惡魔〉，《衛報》（Guardian），二〇一六年三月五日，取自網路。

基本上，「黑鬼」是種族歧視語言，選舉不能這麼說，所以用「減稅」的假議題來挑起白人意識型態，指稱稅金大多用來養貧民區裡好吃懶做、領社會福利金的人，暗指住在都市的黑人。當普遍白人投給共和黨，減稅不是減到中產階級，而是大富豪、財團、共和黨的金主們。漸漸稅收少，政府什麼都難做，人民越來越氣，感覺國家越弱，覺得養這政府幹什麼，對政府沒信心，而且對少數民族、移民越仇恨，認爲他們就是浪費社會資源的元凶。今天，已經有很多美國人了解所謂減稅的背後就是在講族群意識，而絕不投共和黨。這是所謂的共和黨善用的「狗哨」（dog whistle），政治上聽起來是合理的議題，其實是針對某一族群的意識型態挑起仇恨來贏選票。

「南方政策」是共和黨長期以來選舉的手段，黨眞正的目的是要減少、甚至消滅富人與大財團對國家的稅金和對社會的責任，取消政府對全民的福利，像社會安全保險（social security）、老人醫療保險（medicare）。未來美國很可能沒有遺產稅、公司營業稅等等，眞正的目的在於建立對財團和富人極友善的政策。但川普崛起不是老派共和黨支持，而是白人至上主義極右派操縱的，他們痛恨言論自由、嚮往納粹德國（基層很多會用德文表達納粹口語），白人威權統治一切。最近歐洲各國對難民的仇恨和排斥，大大鼓舞著美國極右派威權主義的民心，這兩派（造福富人與仇恨有色人種和弱勢族群）未來在川普的白宮是主導國家政策的人，而川普本人會跟這些法西斯派走得比較近。

唯一感到欣慰的是，大多數美國人還是厭惡川普，投給希拉蕊。等到全部的票都算完後，希拉蕊會贏川普兩百萬票。但是因爲美國總統並非直選，川普還是總統當選人。我希望台灣人了解總統直選是多寶貴的價值。這幾天在美國的抗議也讓我們看到美國人普遍了解，人權不是幸運出生美國就該有的，而是時時刻刻、世世代代爭取的。統治者不會自然給你人權、言論自由，統治者甚至不會主動依法行政，而是人民用選票、抗議、民間組織的行動來監督，來要求政府負責任。

川普的另類政治經濟學

川普能開闢一條什麼出路，舉世引頸以待，但樂觀分子恐怕不多，肯定是一場長期苦戰。

文◎丈和

川普主義與台灣

西方自由主義政客和媒體對中共一向錯估誤判，導致長期姑息妥協、讓步護短，除了自我設限外，還要規範台灣，就怕中共「生氣」，唯恐「傷害中國人民的感情」，以致任其一再使用同樣的藉口敲詐恐嚇。不知不覺中做了中共的幫凶，還自以爲是協防台灣，終於迫使台灣坐困在「虛擬實境雷區」，忘了當年希特勒被慣壞養霸，情境如出一轍。

幾十年下來中共被慣壞，以爲他們立下的「道上規矩」已成天條。全世界都被他們壓服、買通，臉一沉假裝生氣，便無人敢公然爲台灣叫屈抱不平。於是開始擴張雷區，例如在南海與東海的擴張，以及在國際組織粗暴地封殺台灣；越來越暴躁易怒，脾氣越來越像潑婦，動不動就感情受傷，所謂自我膨脹的「強國玻璃心」，凡是不能節制的膨脹就可能泡沫化。

另一個強國美國則面臨世事如麻，內外經濟長期低迷，後冷戰的世局可能還不曾如此嚴峻。再加上中共強勢崛起不可一世，美國已越來越力不從心，迫使美國正在全面性地重新界定她的國家利益，重新評估全球地緣政經戰略形勢，檢討她在國際社會應扮演的角色。就在這個關鍵時刻，出了個擅長即興發揮的天才，意外當選下任總統，大前天放話，前天改口，昨天確認，今天重說，明天否認，後天澄清，大後天又是另一套，彷彿傳統的內政外交政策都不必在意，都可以當買賣叫價，充滿創造性戰略模糊，歷任總統的「政治正確」，好像都要被顛覆。

但川普其實心知肚明，中共已成爲美國的頭號對手——主要敵人兼不懷好意的朋友。他似乎有意藉台灣議題發難，扭轉美國的被動處境。台灣議題永遠是中共的痛腳，這痛腳是中共對台政策自招的，導致台灣人民樂意配合美國的抗中政策，利益一致。於是中共更是妒火中燒，更要打壓台灣，於是台灣更反感，更要挺美國，成了因果循環。

所以，這一次川普發牢騷，干冒霸凌主義外交禁忌，對西方和中共產生「晨醒鬧鐘」（wake-up call）的作用，可謂功德一樁。尤其對台灣是久旱逢甘霖——台灣議題國際化的門縫被推開，當然希望從此大門洞開。川普出其不意把中共封鎖台灣的天條打開一個缺口，台灣當然必須抓住機會搭上便車、擴大戰果。但不可諱言，這並不是容易的事。

就中國的反應而論，自從中共立下「道上規矩」以來，雷區引線被公然踐踏卻沒有爆發，還是第一次。中國原以爲萬無一失的天條，冷不防鬆動了一下，中共的反射動作除了供應「內需」的宣傳濫調以外，一定會在外交戰場上傾巢而出，不動聲色地軟硬兼施、防微杜漸，全面挖台灣的外交牆腳，絕不敢掉以輕心。否則萬一出現連鎖的蝴蝶效應，沒有人再把中共發脾氣當一回事，徒增笑柄，這江湖還怎麼混！所以台灣必須理解這是轉機、也是危機，樂觀而審慎面對未來的各種可能發展。

再就川普主義下的對外政策而論，今後將是「使用者付費」的時代，好處是使用者有求於美國，會比以前更主動，認眞對待自己國家的防務，對美國的依賴性減輕，美國的協防承擔也會減輕，營利導向會使合作效率更高。不過，歷經越戰撤軍，片面撕毀《台美協防條約》，懲罰阿塞德放毒食言，對利比亞撒手不管等等，美國安全承諾的可信度已經貶值。換句話說，美國或許仍然扮演負責維穩國際秩序的角色，但會更「現實」，只願意從旁協助肯自助的國家；除了幾處特殊的戰略要地，紅線畫清楚，說到做到，底線則彈性模糊，台灣必須有自立自強的決心。

川普版政治學

自從老布希以降，歷任總統都懇切邀請中俄領袖共同參與後冷戰世界的維穩，做負責任、受尊重的大國，合作創造更和平友善、富裕美好的地球。爲了說服中俄，美國的姿態往往放得很低，甚至低到自失身分被看衰的地步。

中俄不滿既存的世界秩序是長期牽就西方利益的產物，何況美國到處強力推銷的自由民主體制，威脅到中俄統治階級的利益，於是他們一路上披著自由經貿的外衣，搭美國的便車猛撈好處，大享免費午餐，貸款給美國人買自己的山寨貨，自己雙贏、美國雙輸。又蠻橫發明「網路主權」，把外來網路公司全擋在「長城外」，赤裸裸反自由貿易，肆無忌憚破壞既存秩序。更在地域海域上東佔西搶，例如克里米亞、南海、釣魚台等。

美國被糾纏拖累，反制也不是，切割也不是，勸誘、包容也不是，越陷越深，束手無策。國內又逢金融危機受重創，忍氣吞聲被認定是虛弱的表徵，被看得扁扁。於是中俄把客氣當福氣，酒足飯飽開始拿翹，雙方越走越近亦勢有必至，終於公開聯手對抗西方，嗆聲指責美國自封世界警察，是企圖獨霸全球。中共且試探要以「中美兩國集團」（G2）互稱，與美國平起平坐、共治天下。

先前歐巴馬警長比較投鼠忌器，選擇溫和說服，給他們時間空間，希望他們有一天長大成熟、天良發現，這是自由主義模範生的做法。君子欺之以方，由飼老鼠咬布袋，不知不覺惡化爲溫水煮青蛙，再下去可能警察任人教訓、良民任人宰割。

現在總算傳來振奮人心的進行曲，西部片的高潮來了！新警長川普現身江湖！他帥氣地摘掉胸前的警徽，往地上一丟：誰要誰拿去！既然你們都不爽我做警長，老子改行當保全，收入更高，不再做吃力不討好的冤大頭了！你們要攪局我奉陪，你們要操弄民族民粹主義，我也玩得起。你耍賴皮、我裝瘋，你不在乎我更不在乎。從今起沒有便車可以搭，沒有午餐可以白吃，該是我的就是我的。這一回輪到中俄比較爲難，習以爲常的甜頭要沒了。

劇情發展到這裡，可以確定的是，川普毅然決定要從泥淖裡抽腿，學習毛主席「放下包袱、開動機器」，奪回主動權，創造戰略模糊；誰也捉摸不定他是假戲眞做、眞戲假做，還是眞戲眞做、假戲假做，可能他自己也說不準是「隨心所欲不踰矩」，還是「眾人皆醉我獨醒」。於是他的從商背景、政治素人角色，反而成爲他獨具的賽局優勢，政治藝術隨興揮舞，創造出無限可能，四面八方布滿賽局之霧——無論圍棋、橋牌、麻將、撲克，沒有比這種佯狂似醉、更難纏的對手。他也不必操縱你的期望值，請君自便自己拿捏吧！賽局理論可能要另闢新章了。酒吧檯上一杯威士忌瞬間下肚，賭桌前拉把椅子往後一靠，自詡的做生意之道如何處理全球政經課題，將支配整個人類發展的走向。信不信由你！

川普版經濟學

川普任內美國對外政策與戰略的後盾之厚薄，取決於川普在內政和經濟「讓美國再度偉大」（MAGA）的成效。一般相信川普鐵了心要走貿易「保護主義」，並非因爲他信仰「保護主義」，商人務實有利可圖，不會管你什麼主義理論，像美國石油大亨哈默（Armand Hammer）在共產蘇聯經商致富，列寧不像中共那麼小心眼，並不計較他的政治立場，還稱呼他「哈默同志」。川普和大多數選民顯然認爲經貿自由主義已走到「邊際效應」盡頭，喪失說服力了。從來沒有那麼多頂尖的財經專家學者，針對眼前的問題嘗試過那麼多的方案策略，卻仍毫無起色、徒呼奈何，可見老狗玩不出新把戲；他自信他另闢蹊徑，一定找得到一條康莊大道讓美國再次偉大。「保護主義」是媒體與學界那些缺乏想像力的書獃子封給他的標籤、帽子，但遲早會被尊稱爲「川普經濟學」（Trumpnomics）。

上世紀六〇年代開始，亞洲四小龍依賴勞力密集的出口導向經濟，最初只對美國傳統產業造成些許衝擊。但八〇年代以後隨著中國、印度陸續開放，加上「蘇東波」（蘇聯、東歐、波蘭）的改革浪潮，參加原來資本主義市場遊戲的人口突然翻倍。在全球化推波助瀾下，大量廉價勞工驟然湧入市場，人力供過於求，導致全球工資普遍滯漲，中產階級沉淪；

復以產業科技突飛猛進以及戰後嬰兒潮高齡化，產品市場需求漸落後於生產能量，通貨趨於緊縮，而全球游資每天二十四小時環繞地球接近光速運動，資產投機門檻越墊越高，惡化貧富差距。這不只是美國的考驗，更是全球性課題，人類有史以來不曾遭遇過如此規模驚人、如此群醫束手的經濟困境。

川普能開闢一條什麼出路，舉世引頸以待，但樂觀分子恐怕不多，肯定是一場長期苦戰。由於他的競選語言冒犯太多人，撕裂了美國社會，至少一半選民不信任甚至厭惡他。信任是政權的基礎，所以必須沿途收攬民心才好辦事；也就是先從經濟學教科書以外的途徑動手。眼前最有效的辦法之一，是把美國經濟不振的原因歸責給中共違反遊戲規則，例如操縱人民幣匯率、侵犯智慧財產權等，引發同仇敵愾之心，何況中共事實上並非無辜。只要川普能在四年內振興美國的經濟，他應該能重新贏得選民的信任而連任。

幾十年來中共立下的「道上規矩」，冷不防被公民川普一句牢騷點破皇帝的新衣，台灣人民鬱卒了大半輩子忽見天邊露晴，可以站起來打開窗戶伸出頭，長吁一二聲，也算很自我節制，應是在暗裡琢磨著：到底川普玩的是幾分眞、幾分假。這也難怪！被出賣過太多次了。

「薩德」入台疑雲

文◎白丁

中國對美國越沒招，台灣越安全，任何台灣領導人都不能不識這個大體，鑽在「千萬別惹大陸」的牛角尖裡出不來。

《亞洲周刊》二月十九日報導：美日韓軍事同盟漸具雛形，美國有意透過軍售，再拉進台灣，組成「亞太小北約」，加上遠處的澳洲、紐西蘭，不遠處的新加坡、泰國、和一度首鼠兩端的菲律賓，足以抗衡中國在亞太的擴張。具體到軍售，《亞洲周刊》說，台灣想買F-35，而美國想賣「薩德」高空防禦飛彈系統（THAAD）。緊接著，《美國之音》在近日的「海峽論壇」中也就此展開了討論。

老實說，我對《亞洲周刊》的這個報導深度懷疑。我過去提到：⑴美國國會撥款法案是爲美台高層軍事交流開了綠燈，可不是還沒有兌現嗎？美台軍事關係尚未有實質性的提升之前，那談得上購買當下最先進的武器？⑵川普現在還在和大陸玩政治牌，比如在AIT（美國在台協會）新館派駐海軍陸戰隊，暗含著外交升格。軍售則還不急於出台，見景生情，牌一張張打。⑶中國叫囂「武統攻台」，只是川蔡通話衝擊下的一時失態。現在川習也通過話了，兩邊說好，美國仍遵循它理解的「一中」，中國則下重手制裁北朝鮮，矛盾暫時緩解。至於林中斌、王教成、李毅的七十二至一百二十小時攻佔台灣的夢囈，早被扔到爪哇國去了。誰若還不知趣，不樹立「核心意識」，「雙規—失聯」伺候。⑷《亞洲周刊》說「美國可能利用台灣人民的恐懼」在台灣部署「薩德」，像「大外宣」挑事的口氣，不合邏輯——台灣人民若眞的恐懼，應該盡可能地保持現狀、保持在中美之間的平衡，怎麼會刺激大陸，部署「薩德」？

《亞洲周刊》是香港雜誌，在「一國兩制」大大退步、大大變調的情況下，香港的媒體環境也會泥沙俱下、魚龍混雜，說不定就是拿「單程證」來港的大陸人採編的新聞。

那這個話題還值得往下說嗎？必須說，因爲現在沒發生的事不代表以後也不會發生。現在對這個炒作最看得清的一點是，台灣蔡政府難做人，只能一聲不吭。太平洋這邊是個初中博士、用數不清的組長堆出來的習核心；太平洋那邊是個浮躁自戀、剛愎自用、初出茅廬、可言出必行的川普，都得罪不起。你眞說不部署，好不容易等來「面朝大海，春暖花開」的美台關係受損；你說考慮部署，中國方面又抓狂，唯有沉默是金。

其實買F-35和部署薩德是兩個概念。《八一七公報》裡，中美之間關於軍售有三個默契：⑴美國不向台灣出售進攻性武器；⑵軍售基於台灣受到的威脅；⑶在台海局勢穩定，兩岸都同意和平解決爭端的前提下，美國軍售水平將逐次遞減。台灣買F-35就打破了第一條和第二條默契。現在具有戰鬥資質的F-35只有一個中隊，不久前剛部署到了日本嘉手納空軍基地，在美國本土都還沒成軍。不錯，有訂單、有人出錢，量產是不難，問題是你台灣需要這麼先進的戰機嗎？你現在的F-16對付大陸的殲-10和SU-30足矣，如果中國今後又山寨出什麼新玩意兒，讓日本或以色列幫你開發一款F-16升級版，中國就算山寨出殲-80也未必是對手。兩岸三通二十年了，美國對中國的滲透和國軍飛行員的忠誠度，也得留一手，怎麼會把自己都還沒全面列裝的先進戰機賣給台灣？《亞洲周刊》爆料的是現在根本做不到的事，也露出了它假新聞的狐狸尾巴。

部署薩德就不一樣了，非常順理成章：⑴這是防禦性武器；⑵海峽對岸是有一千至一千兩百枚導彈對準台灣。這就和南韓爲因應北朝鮮的導彈，冒中國之大不韙堅持部署薩德，是同樣道理。中韓交惡，是中國無理，人家又不是你的「骨肉同胞」、「神聖領土」，人家怎麼防衛自己，干你屁事。我們在日常生活中，也不會爲了鄰居家裝了防盜門或監視器，去和人家尋釁滋事吧？不錯，你在東北、華北和華東的導彈基地，被人看了個清楚透徹，那沒辦法。你若對我無惡意，看看何妨？你若有惡意，那更得把你看住了。歸根究底這是防禦性的，不會威脅到你，只是防備來自你的威脅。兩個武士比武，你的破刀紮不透人家的盔甲，你還能非逼人家赤膊和你比嗎？

說到這兒，事情就清楚了，「薩德」入台最符合誰的利益？老美。尤其是川普上台後，奉行「以實力謀和平」的帝國主義政策，有多少實力，就有多少話語權，不服？那就拉出來練練。中國呢，可不僅是華東、華南的導彈基地被人盡收眼底，整個「區域阻絕」戰略都將泡湯。航母的導彈剛升空，就被薩德盯上，計算出彈道，或攔截、或閃躲，最後還要摧毀發射基地。

好在離中美攤牌尚遠，台灣也有顧慮。《海峽論壇》的嘉賓曹毓芬女士一向快人快語，也犯了含糊，說台灣有「愛國者」導彈，不需要買「薩德」。台海距離太短，買了也沒用。的確，兩個巨人較勁，台灣不想摻和，更不想當棋子。可這件事有點由不得你。

按《台灣關係法》，美國有義務保衛台灣，台灣沒義務幫助美國。可是，一旦眞的和中國翻臉時，連偵察預警這點忙都不肯幫嗎？從北緯三十八度軍事分界線到首爾，不過四十到五十公里，距離比台灣海峽更短，遠程大砲就能打到，韓國照樣頂著中國的壓力，堅持部署「薩德」。美韓是軍事盟友，保衛盟友的後方義不容辭。嚴格說，美國和中國還是交戰國，因爲韓戰只簽了停戰協定，沒簽和平協定。只不過當時中國出的是志願軍，美國出的是聯合國軍，中美兩國並未宣戰，可以糊弄過去。但美台難道不是事實上的盟友嗎？不能只想自己、不講道義吧？中國對美國越沒招，台灣越安全，任何台灣領導人都不能不識這個大體，鑽在「千萬別惹大陸」的牛角尖裡出不來。

另一方面的不由得，中國也不想和美國攤牌，尤其在台灣問題上。可你架不住川普不知輕重、不合情理，老用邊緣政策挑撥。在南海，「你唱戲罷換我登場」，衝突還可以管控。在台海呢，涉及「一中」和「台獨」，習核心爲政權安全、制度安全，也不能視而不見、淡然處之。惹不起美國，就只能對台灣齜牙，台灣越怕，越往美國身後躲。按這個劇本往下演，「薩德」入台，早晚疑夢成眞。

二十年前去世的鄧小平曾對後人交代，台灣問題就兩條，一是把自己的事辦好，二是把中美關係處理好。九二共識、ECFA、馬習會，在兩岸關係上再怎麼折騰，都改變不了一個趨勢：台灣「天然獨」的年輕世代正在登上舞台，時間不站在中國一邊。所以後來的領導人才老想著拋棄「韜光養晦」，用第二位的GDP和比美國差了不止五十年的軍力，徹底解決台灣問題，建立不世之功。

可惜，川普上台後，潮流改變，他以「美國第一」取代普世價值，以經濟民族主義取代「全球化」，「以實力謀和平」取代全球維穩，矛頭所向都指著中國，中國的騰挪空間越來越窄。回到老鄧的先見之明，雖爲時已晚，也別無選擇。這次「卡爾文森」號進南海，中國反應很克制，不點名，這就對了。爲黔驢計，別先提起後腿亂踢，別嘶叫，別讓老虎看破黔驢的「技窮」，才有轉圜的餘地。

從難民到總統　文在寅的政治路

文◎任將達

他是一位重視原則的人，因此在談判中，對話與妥協的藝術，他應該會堅守對大多數韓國人民有益的立場。

文在寅是否能成為言行一致的韓國總統，我們可以拭目以待，但細觀他的成長過程及政治生涯，只能佩服及肯定他始終如一，忠於原則及把人擺在第一順位思考的人道主義者性格。

「貧窮很痛苦，不方便，也會讓人感到羞恥，它會迫使你放棄許多想做的事情，但，也就是因爲如此艱困的環境，讓我更加堅強。同時認知到，雖然錢很重要，但是還有比錢還更重要的價値。」在一次的電視訪問中，文在寅說出身爲難民之子對窮困的深刻領悟。他把這樣的劣勢轉爲悲天憫人，樂於助人的積極態度，不論是在求學時，或是在街頭抗爭，或是在實踐政治理想時，他都以這樣的同理精神面對。

高中時，文在寅沉默寡言，把一切的時間放在求知上，每晚留在設置於圖書館樓上的讀書室，除了涉獵各種學問之外，更認識到社會不公的存在，特別是在威權體制下的各種政治打壓。但最難能可貴的是，他關懷弱勢的特質，在此刻本能地流露出來。

就讀釜山慶南高中時，班上有位同學不便於行，爲了能讓他參加遠足，文在寅背著他一路走走停停，說說笑笑，最終因體力耗盡沒能到達目的地，這件事情讓他自責，怪自己不夠強壯，未能達成承諾。這位朋友後來在文在寅的協助下順利考上法官，感激之餘說出這段往事。這樣的友情及處事態度讓他在人生旅程上多了許多堅定的朋友，陪著他走過萬難，一路挺進。他的國家願景就是順著這樣的待人如己，無私的原則，來建立一個無差別社會，中道政治，均富民生及和平安祥的新韓國。

他是故總統盧武鉉一生的政治盟友及摯友，從釜山人權律師時代，到「開放的我們的黨」執政時代，他都與盧故總統並肩作戰，雖然對政治幾度感到失望而退出，但是在擔任盧故總統治喪委員長的那一刻，他決心暫時忘卻悲傷，帶領「共同民主黨」來建構新韓國，以繼承盧故總統的遺志。

他銘記盧武鉉在總統就職演說上說出至今都還是韓國政治典範的名言：「原則及信賴」、「公正及透明」、「對話及妥協」、「分權及自由」來做爲新政府的國政原理的訓誡，並深刻體認到光是「民主黨」是不夠的，必須要聯合在野力量並肩走向「大統合路線」才有辦法讓國家安泰。

文在寅啓動的第一個改革目標就是改造黨的文化，黨不改革就沒有機會重新執政。爭取黨主席，團結黨的力量，以盧故總統的遺志做爲黨格，以和平替代對立，以「對話及溝通」改變陳腐的「君臨及統治」之舊政治文化及結構。除了引進公薦系統改變黨內初選制度，贏得國會最大黨之外，極力主張必須走向中道，往右靠向保守勢力，往左親近進步勢力，包容更多的聲音，減少對立，以美國民主黨的走勢做爲學習目標，積極走大統合路線，也就是要走入人群，迎合更多人民需求的中道且合理保守路線。

此舉引發非常多黨內爭辯及黨員出走，但他堅信必須要贏得多數人民的支持，國家才有望再生。因此他說，他要成爲與人民在一起的光化門全民總統，而不願成爲青瓦台的權勢總統。

至於北韓問題，相信他會以金大中以降的進步陣營傳統（陽光政策），繼續以對話來替代對峙，尋求南北韓和平統一；同時加強與美國的同盟關係，積極地向中國說明薩德的防禦性目的，以取得政治信賴及經濟解套。簡言之，他會爲了國民利益用盡全力來維護韓半島的和平，就算需要親自到北韓與金正恩會面，都在所不惜。當然，他是一位重視原則的人，因此在談判中，對話與妥協的藝術，他應該會堅守對大多數韓國人民有益的立場。

雖然在前一次的總統大選中以些許的差距落敗給朴槿惠，但在這次世越號沉船悲劇及朴槿惠放任崔順實干政的醜案中，人民在悲憤但和平的燭光中照明一條新的政治智慧路，要求彈劾及罷免朴槿惠之外，選擇了新的領袖，期盼憂國憂民始終如一的文在寅總統，能堅守大統合，以人民利益爲國家至高目標來實踐「光化門全民總統」的承諾，帶領韓國走出這場政治泥淖及悲傷，走向平坦的民主大道。

從中學生扮納粹談台灣國的形塑

文◎金守民

台灣國必須超越「中華民國」，眞正尊重基本人權與法治制度、徹底鞏固多元社會的價值。

這幾天報紙上看到新竹市光復中學的學生扮演納粹遊行，這所學校離我執教的地方不遠，讓我回想到幾年前我剛回台灣的一個經驗。那時馬英九才剛當選總統，我自幼離開台灣，幾十年後再搬回出生的國家，對台灣社會蠻好奇，喜歡和遇到的人聊一些台灣的事情。記得有位長輩，是很道地的台南人，不藍也不綠，卻不時對我頌揚中國的鄧小平：「鄧小平說我殺你二十萬，安定你二十年！我們就需要這種革命的精神血洗台灣，台灣社會才會進步啊！」每次他一提鄧小平，我只有苦笑回答：「你覺得殺二十萬沒什麼，因爲裡面沒有你啊！」

新竹市光復中學校方最早的辯護是，當時讓學生們扮納粹，純粹因爲要尊重學生對希特勒這個歷史人物的興趣。這種說法，就像那位對屠殺百姓感興趣的台南老鄉，不是從被害者的觀點來看歷史，反而一面倒地認同加害者。希特勒與納粹黨軍一穿上制服，的確顯眼耀目，他們在光復中學的重現，的確是精神抖擻、次序井然，學生們行進中，完全看不到至少六百萬歐洲平民的慘死，也看不到集中營裡慘絕人寰的罪惡。那位認爲屠殺人民就叫「革命」的歐吉桑，也是把暴力、威權誤解爲社會進步的正當手段。

對我來說，光復中學事件突顯了建立一個台灣國的重要，台灣國必須超越「中華民國」，眞正尊重基本人權與法治制度、徹底鞏固多元社會的價值。雖然多數台灣人現在認爲自己是台灣人、不是中國人，可是國家形成的議題在台灣社會裡長期被忽略，青少年對建構國家最根本的理念與價值，不會被教導，完全沒概念，才會自在地把自己裝扮成歧視外邦人、迫害特定族群的納粹國。其實當初「中華民國」的建立，無非也是隨著十九世紀的世界潮流，佔絕對優勢的漢民族在種族主義的大旗下，「驅逐韃虜、推翻滿清」，達到其革命建國的目的。今天在台灣的年輕人，儘管祖父母那一代曾經歷過二二八和白色恐怖，但目前外省、河洛、客家族群的區隔已然漸漸消逝，大家都是講北京語的「華人」，大家都可以自認是社會的「主人」，大家都以爲二二八不會再出現。但我認爲這樣不夠，我們必須超越這種過時的國家建立步驟、遲緩的種族意識翻轉，來形塑一個現代化的台灣，眞正以人權、地球公民、包容異己、多元社會爲基礎，創建台灣國。

中世紀歐洲國家形成時的黑暗面

今天歐洲面臨的反難民潮、極右派法西斯崛起，正顯示了歐洲一千年來國家形成的黑暗面，徒有民族意識，但無多元認同基礎。針對希特勒政權，事後德國人努力於轉型正義，可是歐洲其他各國始終沒有正視他們自己相同的缺陷；早在希特勒以前，這些國家世世代代藉淨化之名，從事迫害、屠殺異別族群的事實，無可否認。二次大戰結束，德國以外的歐洲人慶祝納粹德國的戰敗，希特勒成爲人神共憤的惡魔，歐洲各國政府也得以脫離外來納粹政權的統治。不過對這些國家蠻「方便」的是，在納粹政權統治期間，卻幫他們「淨化」了國土，除掉了他們國內一千年來所排斥的「異別者」或「他者」（the other），也就是任何他們意識型態裡認定爲汙穢、罪惡的族類，像猶太人、吉普賽人、有色人種、同性戀、異教徒、左派，還有任何文化上、思想上被認爲不正統的類別等等。所以第二次世界大戰之後，納粹德國以外的歐洲得以雙手不沾血腥，不用背負屠夫的罪名，就此恢復一個被清洗乾淨的國家，中間再沒有他們歷代討厭的異端人士和低等族群。

歐洲——無論是我在唸書研究時想像中的，或是我在旅行時親身體驗到的——都是讓我起雞皮疙瘩的地方。我讀的書告訴我，猶太人在歐洲有兩千年的歷史，但現在的歐洲，猶太人口少之又少。在美國，我的猶太裔老師與朋友們很多都擁有德文姓氏，不過今天的德國卻沒有猶太人。全球的愛爾蘭人住在國外的比國內多；吉普賽人只剩極少數還存在。不過今天的歐洲人還是跟他們的祖先一樣，嫌這些人髒亂，欺壓他們。說穿了，希特勒並不是第一個利用種族意識來統治人民的歐洲人，他只是在二十世紀上半，把歐洲人一千年來長期屠殺與迫害少數族群的慣例，大規模地當作統治機制來經營。

我在唸研究所時，有一本中古世紀文學與歷史的必讀書：摩爾的《施行迫害的社會如何形成：西歐九五〇～一二五〇年的當權與離異現象》（R. I. Moore, *The Formation of a Persecuting Society: Authority and Deviance in Western Europe 950-1250*. 2nd ed. Wiley-Blackwell, 2006）。這本書談到了從第十世紀中到十三世紀歐洲的統治階層，如何以淨化國土、清除社會上的「異別者」之名，壓迫與殺害所謂的異端、卑賤、帶罪的族群，來鞏固政權、建立其統治基礎。

其實，多元族群在早期歐洲曾經是和平共存的；一直到第九世紀的歐洲，很多白人看到他們的猶太鄰居或朋友，有良好的宗教信仰、過著充實的精神生活，有的因而改信猶太教，有的則和猶太人通婚。這樣的情況就好像今天的紐約或舊金山，金髮碧眼的美國人看到他們的亞裔朋友信佛，也成爲佛教徒，甚至當上了比丘、比丘尼。可見多元族群在一個法治的社會，不必然會亂成一團，而可以非常和諧有序的。

在血緣上，今天有不少猶太人的祖先是歐洲的白人基督徒，所以今天才有這麼多猶太人也是金髮碧眼，如果用血液或基因來討論猶太族群，是不恰當的。從第十世紀末開始，歐洲君王們紛紛建立起族群等級制度做爲控制工具，例如要求猶太人或穆斯林，在衣著上要能識別他們的身分。又如，統治者規定猶太人不能務農，也就是基本上，他們不被當成一般百姓。在中古世紀傳統農業社會，他們只能從事被基督徒鄙視的工作，像經營貸放、以錢養錢，一種基督教信仰認定爲「不正當、反自然」的工作。在資本主義興起前的封建社會，歐洲基督徒認爲用錢來賺更多的錢是反自然、不道德的事情；錢又不是豢養的家畜，可以一直繁衍，人家跟你借錢是遭遇困難，怎麼你還要求他還更多，教會把經營貸放當作是剝削行爲。諷刺的是，今天大家對猶太人普遍的印象是，他們生來貪財，在銀行界、企業界形成財團、獨佔優勢，把他們視爲全民公敵，但這並不是猶太人基因的問題，而是歐洲基督教歷史所造成：做貸放生意「賤」，只適合猶太族群，以致到資本主義時代，很多猶太族群已經世世代代懂「錢」，在財經市場的地位無法撼動了。

少數族群在歐洲歷史上被當成社會上的卑賤低等人種，長期不被認爲是公民社會的一部分，只是暫時勉強被容忍的一群，造成他們在自己土生土長的歐洲，普遍沒有公民權，在自己的家鄉還被認爲是可厭的外邦人，沒辦法融入。今天歐洲白人普遍反難民的心態，多少也反映了他們祖先不把少數族群「當人看」的成見。白人認爲自己是公民社會的一部分，享有人權；要是他們自己被控犯罪，有權利走訴訟程序，然而難民或低等族群在他們潛意識裡，明顯沒有對等的人權。依照國際法，有難民來求援的歐洲國家，必須收容這些人，不過最近歐洲各國紛紛支持極右派政府，無論如何不接受難民，表面上是爲了國家安全、社會秩序的維護，其實很明顯地不尊重法治。在歐洲一百多萬的難民，算是犯罪率極低的族群，但整群難民卻被要求要爲中間的害群之馬負全責、付代價；一有難民被認定是被激進化（radicalized）的恐怖分子，歐洲人民就主張將全部難民驅逐出境，等於把整群人都當作恐怖分子看待。在法治公民社會裡，有因爲社區一個居民犯罪而社區全體被懲罰的嗎？

少數族群在歐洲被殘害的經過和時期

尤其從十二世紀開始，歐洲社會的形成竟建立在對少數族群的仇恨上，展現出激烈的暴力行爲。地方一發生犯罪行爲，少數族群一定被認定是唯一罪嫌，當地的白人基督徒就對整個社區裡的少數族群展開屠殺。假設一個村莊有兩百位猶太人，其中二十位劫後餘生，幸運逃亡到附近另一個村莊，他們在那裡安定下來，有了下一代，於是族群漸漸又成長到兩百人左右；三、四十年後同樣的事件再發生，再有一批人逃亡，在另一地再重新開始……。你可以想像猶太族群一千年來在歐洲是如何生存下來的嗎？集體屠殺（pogrom）到來的時候，要怎麼逃亡？要怎麼面對想幹掉你的鄰居？一旦逃不了時，要等死還是自殺？要是你出生在猶太家庭，你會有夠堅強的意志力，這樣每天撐著嗎？你的成長經歷、你家庭多少世代的記憶，是有關集體屠殺、帶著自殺用的毒藥逃亡，你有這樣的心理準備嗎？

歷史見證到少數族群在歐洲被殘害的經過和時期，各國不盡相同。英國最早，最凶殘的集體屠殺發生在十二到十三世紀，十三世紀末的愛德華一世（Edward I）乾脆把整群猶太人驅逐出境。所以到了十六、十七世紀，當西班牙與葡萄牙利用惡名昭彰的宗教法庭（the Spanish Inquisition and the Portuguese Inquisition），迫害境內以及美洲殖民地的猶太人和穆斯林時，英國境內早就沒有猶太人存在了。

他們那時候就開始殖民另一群低等人種——愛爾蘭人，到十九世紀，有一百萬愛爾蘭人死於「愛爾蘭大飢荒」，另有幾百萬愛爾蘭人移民美國，一直到今天，自由獨立的愛爾蘭最大宗的「輸出品」，還是愛爾蘭人自己。英國的統治，殘酷到愛爾蘭人連對自己的土地都喪失感情，只要能保命逃出愛爾蘭就好。我自己的老師是愛爾蘭裔的美國人，祖父母那一代就移民到美國，一家人都是愛爾蘭天主教徒，有非常強的愛爾蘭族群意識。不過他自己說，他家族從來到美國的那一刻起，就對愛爾蘭鄉土再無一分眷戀，因爲英國人在那裡的殖民政策，徹徹底底剝奪了愛爾蘭人對自己土地的認同：愛爾蘭人在英國統治下，絕大部分沒有土地的所有權，法律上只能當英國大地主的佃農。大飢荒的時期，很多家人餓死在肥沃的土地上，而所有土地的收成都被運到英國。到今天，愛爾蘭人不喜歡在鄉下度假，他們看到農村就好比看到墓地一樣。

十六、十七世紀的西班牙政府，給境內的穆斯林及猶太族群一個選擇：要留下來，就要改信基督教，不然就離開西班牙。留下來的變成國家的「新基督徒」（New Christian），雖然名義上也是基督教社會的一分子，可是還是不被「老基督徒」信任；政府當局和社會大眾普遍認爲，這些族群無論表面上多麼忠誠愛國，畢竟血液裡流的是外邦異教徒的血，他們不可能眞正融合爲國家的一部分；也就這樣，這些族群在西班牙還是遭到極大的迫害。西班牙人殺害少數族群的方式，在歷史上是聲名狼藉的：由所謂的「信仰的實踐」（auto da fé，英文爲 act of faith），可知一二。譬如一個所謂的異端人士被檢舉，這個人有可能是猶太裔的「新基督徒」，也有可能完完全全就是西班牙「老基督徒」，雖然他外表是虔誠的基督徒，卻被控有異教信仰的嫌疑。不過很多時候指控者的證據讀來蠻可笑的：「嫌犯長期不吃豬肉。」爲什麼這樣子就有罪？迫害者是依照自己族群意識的邏輯：「我從來沒有看過某某人吃豬肉，所以他是不吃豬肉的人，因爲他不吃豬肉，而信猶太教不可以吃豬肉，這表示了他身體裡流著猶太人的血液；雖然被告聲稱他祖宗八代沒有猶太血統，我也查不出他家有猶太血統，而且他一向都上教堂，在教堂裡的表現也很誠懇、敬愛上帝，不過他不喜歡吃豬肉，表示他潛意識裡還是有猶太人祖先的思想。雖然他最近公開吃起豬肉，不過他的表情不自然，顯示他吃豬肉會噁心，所以是為了脫罪才吃的。無論他多麼想當個基督徒，他這種人怎麼努力都當不了眞正的基督徒，他只適合當異端分子。」一旦被指控，宗教法庭通常會判有罪，於是整個社區會安排很隆重的宗教禮儀、很盛大的排場，來執行死刑。行刑那天，整個社區的小老百姓和達官達人都到廣場做彌撒，祈禱之後，罪犯遊行示眾，公開宣告他們的罪惡與刑罰，然後這些倒霉的被告就在廣場上被活活燒死。整個社區定期以處死異教人士的方式，來宣揚他們對上帝的信仰，這就是所謂的「信仰的實踐」。

形塑理想的台灣國

今天的歐洲，是統治者長期血洗土地所產生，歐洲人表面上的開明、乾淨、整齊，是幾百年來政府利用迫害與屠殺來淨化國土的結果。因為歐洲各國的立國精神，如同世界上絕大多數的國家一樣，是基於長久以來不知不覺累積起來的「我族」意識型態，以優勢族群為思考的出發點，例如法國就是法蘭克民族的國土、中國就是漢民族自古實踐漢文明的基地，所以他們無論有多麼優雅的國際觀、有多廣泛的多元化教育、多高尚動人的政治宣傳，恐怕都不敵一群難民在他們國界的現身，喚起了他們一千年來對外邦人和異別文化的本能厭惡，激發了他們傳統優勢族群受到威脅的反感：大量難民入境後，法國還是法國白人的家園嗎？

台灣多年來在國際社會上沒有正式的地位，長期被中國打壓，我希望台灣社會可以走出外來政權的思想汙染、追求自主台灣這一條辛苦路。別人有國族意識，卻無結構性、制度性的建國理想，不知以土地、人權、法治做為堅固結實的建國基礎。而我們的土地雖是長期無國際身分、無主權歸屬，我們卻因此有機會在這片土地上創造自己的理想國。我們要深入地探討我們自己對這塊土地的責任，深耕人權理念、鞏固法治公民社會，來建立一個不僅獨立，而且獨特的台灣國。

輯六

緣逗謳歌

後生的目屎（台語詩）

文◎李淑媛

一位朋友讀到我寫的七字仔，回憶當年留學美國，初到紐約的第一晚，在陌生的語言情境中，才深刻體會父母當年「失語」的沉痛與苦悶，悔恨少年時，曾在內心認爲，父母親看歌仔戲沒水準，說日語是奴化，忍不住落淚。

一直到[1]遐濟[2]年以後
暗暝，佇[3]異鄉的都市
電視轉過一台過一台
聽美國話法國話西班牙話
聽袂著[4]
學校老師教我講[5]的「國語」
佇學校

講阿母講的話
講一句，罰一塊
佇厝內
阿母佮阿爸聽無後生[6]講的話
恁細聲偷偷講日本話
一日看半點鐘的歌仔戲
歌仔的哭調哪會[7]哭袂煞？
「國語」唱的歌
恁哪會無愛聽？

---

1 到：kàu，抵達、到達。
2 遐濟：hiah tsē，那麼多。
3 佇：tī，在（某個地方）。
4 聽袂著：thiann-bē-tio̍h，聽不到。
5 講：kóng，說。
6 後生：hāu-sinn，兒子。
7 哪會：ná ē，怎麼會。

佇 New York
我聽袂著熟似[8]的話
想著彼當時[9]
恁聽無後生講的話

目屎
忍不住流落來

8 熟似：sik-sāi，熟識。
9 彼當時：hit-tang-sî，那時候。

紅樹林之戀（台語詩）

文◎李淑媛

故鄉鄰海，溪流出海口有紅樹林，南接牛椆嶺。年少時常去紅樹林玩沙子，看招潮蟹、彈塗魚。外公生前，曾幾次提及，他幼時早孤，六、七歲時，便離家去外地做童工，幫主人放牛。遠望牛椆嶺，思念嶺後的家，常忍不住流淚。

春天的風
有淡薄仔[1]寒
黃昏的時陣
白翎鷥飛過溪岸

1 淡薄仔：tām-po̍h-á，一點點。

溪水是苦澀？抑是[2]汫[3]？
青春的眠夢
囥[4]佇[5]阮的心肝
啊！
留戀的紅樹林

徛[6]佇寂寞的海岸
天邊憂悶的雲
罩[7]著牛犅嶺
海鳥的跤跡[8]印佇沙坪
阮的愛、阮的夢
一切的故事
只剩浪淘沙
風猶原透袂煞
啊！
懷念的紅樹林

後記：

牛犅嶺位於台十五線西濱公路鳳鼻隧道以東之丘陵地帶，其命名原由，乃因其山勢如牛頸背脊之態，自日治時代起，此處即為軍事要塞。此詩整理之際，與父母談及「牛犅嶺」，言談間，父母突然提及，一九四七年二二八事件發生後，我的二舅公（父親的母舅）遭誣陷，被國民黨軍隊強押至牛犅嶺嚴刑拷打，他的雙手被綑綁，吊起來用槍托毒打，還被吊進水井裡，被折磨得奄奄一息。軍方誤以為他沒命了，通知家屬來領回屍體，家人拆下門板把他抬回家，沒想到竟然九死一生，活了下來。二舅公原是地方上活躍的人，人長得高大挺拔，寫得一手好字，庄內稱呼他為「黑貓坤」，可見其瀟灑帥氣。遭此打擊之後，從此萬念俱灰，常常藉酒消愁。我童年記憶裡，對二舅公的印象，就是他喝醉酒後，口中胡言「空空

---

2 抑是：iàh-sī，或者、或是。
3 汫：tsiánn，味道淡、不鹹。
4 囥：khǹg，存放。
5 佇：tī，在（某個地方）。
6 徛：khiā，站立。
7 罩：tà，覆蓋、籠罩。
8 跤跡：kha-jiah，腳印、足跡。

空空空空」，當時多少有點害怕這樣發酒瘋的二舅公，卻直到現在才知道他曾經遭逢如此劫難，心中震撼，悲憤莫名。

九月二號剛好有空

文◎萍萍

如今台灣也已走到分岔路口，回首望向來時路，得與失之間，我們應該有更好的選擇。

應該說難得有空。不是我們，是日月潭。

中客少了，空間沒被塞滿，感覺清幽許多。日潭與月潭一天的時間也變長了，愛因斯坦的相對論不是說過，時間也是空間的另外一維？

午後巧遇一場雨，湖面升起水霧，濛濛的穿過雨絲望過去，幾艘載客的遊艇畫出倒V形的水紋，仍是安靜。吵雜的，永遠不會是湖面的水波，是岸上的洶湧人潮。

雨後，雲嵐很貼心盤在遠方，四週寧靜，今天很幸運，遇到久違的日月潭。

自從中客少後，湖光山色又回到它的家；而我，明明未曾離家，再見南投水碧山青的容顏，心中湧現的情感，卻好像離鄉背井久遊歸來，興奮裡藏著一股隱隱的激動。

我明明未曾離開須臾。

這些年來，爲了拚觀光養活子民，美麗的福爾摩沙隱忍著切膚之痛，山吋吋變禿丘，水吋吋變濁灘，歷盡滄桑的是我們的自然環境，像極了一位母親撫育子女的隱忍。

如今台灣也已走到分岔路口，回首望向來時路，得與失之間，我們應該有更好的選擇。

正義辯護人：以卵擊石

文◎黃柏威

捍衛公平正義成為他們最後的底線，踩上這道底線，就是踩在革命的警報線上，壓抑的情緒會如煙火四炸，而人性的火光終會點亮黑暗的天空。

日本知名作家村上春樹曾有句名言：「以卵擊石，在高大堅硬的牆與雞蛋之間，我永遠站在雞蛋那方。」韓國電影《正義辯護人》裡也不斷提到「以卵擊石」這成語，而故事彷彿就是主角宋佑碩從高牆那方移動到雞蛋那方的心路歷程。

韓國電影《正義辯護人》故事背景設定在一九七八年，描述只有高商學歷的主角宋佑碩，為了脫離貧窮的生活，發奮苦讀立志要考上律師執照。而皇天不負苦心人，辛勤努力也得到回報，主角從一個建築工人變成律師，彷彿印證了他刻在牆上「絕不放棄」四字的成功神話。

但當上律師之後，他並未受到其他律師的尊重，律師界對他從事不動產代書的工作感到不屑，也因為他的低學歷而看輕他。但對吃過苦日子的宋佑碩來說，最重要的不是律師的身段，而是更實際的經濟收入，因此哪裡有商機，他就往哪裡去。他也確實有著獨特眼光，總能掌握時機，業績蒸蒸日上，他的人生獲得翻轉，甚至人們說他是釜山最成功的律師，意思是他賺了很多錢。

而這樣的成功軌跡讓他難以認同韓國社會爆發的學運潮，他認爲學生若對政府不滿，就該努力讀書去改變社會，走上街頭抗議是不能改變世界的，畢竟他自己是這麼改變命運的，相信只要絕不放棄的努力，人人都能像他一樣，能有出頭天的時候。對他而言，一個人的命運，主要是決定於個人努力的程度，而非社會環境所影響。

直到過去一直很照顧他的麵店老闆來求情，希望宋佑碩能幫她想辦法救回被政府抓走的孩子，當他探監看見孩子身上的傷痕，這時他才看見國家制度中的邪惡與暴力。當時的軍政府爲了控制人民思想，恣意地把人民當思想犯，這些被抓的學生不過就是在學校裡組讀書會罷了，甚至遭到惡意刑求，逼這些年輕孩子自白犯罪。荒謬的是，這個政府正在申請一九八八年的奧運主辦權，打算唱著四海一家的和平之歌。

從此宋佑碩從一個忙著賺錢的稅務律師，變成爭取人權運動的先鋒律師，他拒絕大公司的高薪邀請，這意義就像是與過去一直行走的人生軌道告別，追求社會的公平正義成了他此刻最重要的生命關懷。過去的他一直認爲對抗體制是沒有用的「以卵擊石」，因爲那只會換來自身的破碎，卻又絲毫不傷對方。但導演藉著麵店老闆兒子的口，扭轉了這話的意義，賦予了全新的體會與價值，他說：「岩石終究會變成細沙，雞蛋卻能孵化生命。」

片尾，當主角變成法庭上的被告，那些原先瞧不起他的律師們，這回都一一挺身而出，當他的辯護律師，他們全部站到雞蛋的那一方，他的勇氣喚起他們的勇氣，有如一個一個破蛋而出的生命，奮力齊心試圖推下眼前的高牆。

過去的宋佑碩改變了自己的命運，現在的他用同樣的力量想要改變社會的命運。過去他曾在律師名片上寫著「守護你珍貴的財富」的標語。原先，他眞的只是在守護客戶個人的錢財，但現在他守護的是國家社會珍貴的財富，守護的是一個社會的公平正義與民主價值。

《正義辯護人》誠實紀錄韓國政府歷史上不光彩的一頁，記下一個時代裡的痕跡，那裡不會只有高壓控制的政府，因爲高壓底下必會產生反動的力量，力求改變的民心正蠢蠢欲動，一顆一顆的雞蛋都會出籠，捍衛公平正義成爲他們最後的底線，若有人踩上這道底線，那就是踩在革命的警報線上，壓抑的情緒會如煙火四炸，而人性的火光終會點亮黑暗的天空。

也曾歷經威權統治時代的我們，也看過那堅不可破的高牆，也曾活在高牆的陰影下。《正義辯護人》對我們來說彷彿也重現自身歷史走過的經驗，在眼角的淚水裡，重燃我們對公平正義的渴望。

阿嬤的蘆筍田

文◎黃育芯

失去長者牽引的我們再也分不清楚何處是故鄉、什麼是根。故鄉好遠回不去了。再見了阿嬤，再見了故鄉，再見了阿嬤的蘆筍田。

總是睡眼惺忪看見熟悉的身影在將明的天色中閃過，我知道是阿嬤又起身要去巡蘆筍田。雲林曾經是生產白蘆筍的大縣，爲了賣得好價錢，總要趁著天未亮的時候照顧蘆筍、採收蘆筍。

當時才五、六歲的我，常常在清晨看著阿嬤帶著一顆白饅頭、背著一桶農藥，騎著舊鈴木機車往田裡出發。我總好奇阿嬤爲何一顆饅頭就吃得飽，所以要求也跟著吃饅頭，最後如願以償，但我跟阿嬤吃的饅頭終究不一樣——她吃的是名符其實的白饅頭，我的是饅頭夾蛋跟肉鬆。

上午十點迎接阿嬤回來，換同住在三合院的叔叔、伯伯以及爸爸、媽媽出門，農家生活彷彿各司其職。有時候他們會運回稻穀在三合院的埕裡曬，大人耙好稻穀，我們小孩則用腳去翻動，趁著中午日頭炎把稻穀曬乾。有時候大人會運回白蘆筍，這時刨刀、木座登場，削蘆筍比賽便熱鬧展開。白蘆筍價錢很好，削好皮的蘆筍更好賣，而我們小孩子的犒賞，便是大人們從眾多白蘆筍中挑出最漂亮的部分煮湯、涼拌、清炒來吃，鮮甜可口。

過了中午，阿嬷又再度出門，這回她去幫其他農夫務農。農村勞力不足，只能靠親友鄰居共同合作，把一畝一畝田裡的農作收割，趁著新鮮賣個好價錢。而這樣的團體行動，阿嬷在回家時還可以順手撿一袋食材爲我們加菜，有時是田螺，有時是田雞，有時是看似NG實則新鮮可口的作物。

畢竟農家生計實在撐不住一家子的開銷，只好舉家定居台北。拜中山高速公路通車所賜，一家七口從雲林到台北沒有太多顛簸，只有離鄉背井的不安，以及必須割捨故鄉那幾分田地的失落感。

爾後白蘆筍的滋味，竟是童年回憶裡無法複製的片段。

八〇年代的台灣正值經濟起飛，不但躍升亞洲四小龍之一，都市化更從台北、高雄擴大到新竹、台南、嘉義……務農人口急速萎縮，年輕人都是要進工廠打拚的，我的父母也順應潮流成爲工廠成員。而阿嬷依舊維持著強大的求生能力，把一樓住家規劃一部分租給鄰居停放機車，也跟隔壁「家庭即工廠」的塑膠零件廠承包代工的原料回家做，甚至也幫忙無法自己帶小孩的鄰居育嬰，沒有閒過。而我們小孩若不是在讀書就是在幫忙做手工。

阿嬤勤儉積蓄的企圖心，固然充分呼應當時台灣錢淹腳目的榮景，其實更反映她老人家有朝一日衣錦還鄉的渴望——從此守著蘆筍田日出而作日落而息。可惜天不從人願。一九九四年六輕動工，故鄉掀起一股六輕熱，不但地價狂飆，連僅存務農的子弟們也紛紛放下鋤頭爭取進入六輕工作的機會。阿嬤的蘆筍田產值遠遠不敵重工業發展的大夢，到後來，我們也鮮少吃到白蘆筍的滋味了。

之後返鄉，記憶裡熟悉的農田與綠色隧道不再，只見滿目水泥建築與柏油路熱氣逼人，風沙也逼人。從故鄉傳到台北的消息也盡是傷病死別。

不知道從何時開始，阿嬤再也沒有提過要回故鄉的念頭。只是偶爾在市場買菜時，會跟攤商誇耀當年自己種的白蘆筍比市面上的還肥美。有時鄉愁難耐，就會忍痛買些白蘆筍清炒或拌沙拉來吃，儘管滋味已經不如從前。

阿嬤最後一次回雲林，高鐵已經通車。拖著中風復健後不便的病體搭車，臉上滿是笑意無法言語，卻透過表情告訴我們她多想回家。去年阿嬤脫離病體的桎梏，離開塵世，擲筊問祂老人家想安置在哪裡時，兩枚十元銅幣傳達的訊息竟是回鄉，心裡一陣酸楚。

都市發展了，農村消失了，眼看阿嬤那一個逐漸凋零的世代，把身家希望都寄託在土地，卻爲了順應時代潮流被迫割捨對土地的情感。我們這一代縱使重利輕別離，內心酸楚竟也無從分類。失去長者牽引的我們再也分不清楚何處是故鄉、什麼是根。

故鄉好遠回不去了。再見了阿嬤，再見了故鄉，再見了阿嬤的蘆筍田。

「謝謝阿婆」心底的願望

當時沒受教育的女性佔多數，她們儘管被時間的浪潮推著走，生活圈卻是相對封閉，唯一使命是把生活重心放在相夫教子、做個賢妻良母。

文◎黃育芯

滿頭燙過的白髮、略略駝背的身軀，每回見到她，總是拖著一簍紙箱或可回收的寶特瓶沙沙作響地路過門口，或者旁若無人地在街上整理起回收品，不管身後有沒有車輛要過，或多少人群往來穿梭。阿婆看起來已過花甲之年，無論晴天、雨天都可以看到她在街上來回緩步走著。偶爾體諒她老人家在烈日底下回收的辛苦，想倒杯飲料給她喝，但她似乎重聽或不善交際，什麼都不多做回應，只是帶著笑臉直說「謝謝」。

所以我們私底下都暱稱她爲「謝謝阿婆」。

說起來，這條街資源回收的競爭可不少。白天是這位「謝謝阿婆」穿梭街頭巷尾，晚上則是騎著機車的中年婦女往來搬運，而公園的角落還有一家固定以三輪車載運回收品的人家。有一回，他們爲了這條街的回收分配大吵一架，一度成爲我們這些店家茶餘飯後的話題。

「沒想到謝謝阿婆會跟人吵架。」我率先發表內心驚奇。

「你不要小看她，其實她早就不需要拋頭露面做資源回收，還不都是爲了……」對面賣魯肉飯的大哥突然語塞。

「哎呀！家家有本難念的經，我們就別道人長短，專心做生意吧！」隔壁賣丼飯的大姐連忙出來打圓場結束話題，增添謝謝阿婆的神秘性。

某天在巷子裡散步，意外發現謝謝阿婆在一戶民宅庭院前整理回收品，看起來是謝謝阿婆的家。「哇，原來謝謝阿婆住附近！」我連忙回到街上找賣魯肉飯的大哥分享新發現，只見魯肉飯大哥緩緩地說：「是啊，他們家本來在這一帶也算有頭有臉，可惜啊養了一個敗家子。」大哥看了一下街況確認沒有其他前來用餐的客人之後，開始緩緩述說謝謝阿婆的故事。

「以前我們這條街被稱爲『米道』，整個南北二路的米都會運經這條街。謝謝阿婆他們家族就是做米的買賣，後來日本人來了，這條街漸漸改建爲官舍。國民政府來台後，又改建爲公家宿舍。謝謝阿婆他們家的生意就慢慢收起來了。」

「既然是在地人，爲什麼謝謝阿婆總是一副不認識左鄰右舍的樣子？」我忍不住發問。

「那是一種默契。當時他們家族因爲做米的生意而有了些積蓄，在這附近買了不少房產。可惜總是一脈單傳，連謝謝阿婆也只生了一個兒子，所以就寵上天啦！沒想到這孩子一點也不珍惜父母的寵愛，漸漸地就把祖產都敗光了。現在住的房子是好不容易才保住的。但你別以爲祖產沒了，謝謝阿婆就改變對兒子溺愛的態度，她現在做資源回收也都是爲了她不事生產的兒子。左鄰右舍知道她兒子的狀況，也不敢太過問，深怕有什麼牽連……」

「所以謝謝阿婆就都不說話嗎？」說眞的，我到這條街上生活將近五年，從來沒有聽過謝謝阿婆說超過「謝謝」以外的字眼。

「這也要怪她兒子。有一回謝謝阿婆在市場幫她兒子買了件衣服，沒想到她兒子穿過、洗過之後還刁難她去跟賣衣服的攤商換另一件新的，那個賣衣服的當然不肯。氣頭上還在市場上大聲抱怨了起來，引起其他攤商的共鳴，紛紛勸阻謝謝阿婆不要那麼寵兒子。結果謝謝阿婆噙著淚回家，也不知道發生什麼事，從此就開始不說話，頂多開口說『謝謝』。」

「謝謝阿婆好可憐喔。」我忍不住同情。

「哎呀你都不知道，大家多苦口婆心勸她不要那麼寵兒子，她就不聽啊！大家到最後也都愛莫能助了。」

聽完魯肉飯大哥說的故事，我忍不住又走到謝謝阿婆家門口。此時謝謝阿婆似乎不在，只見庭院整整齊齊堆著一疊一疊的回收品，深鎖的家門令人無從判斷屋內是否溫暖。正當我要離開，突然聽到門後傳來一陣咆哮：「臭老太婆都是你那麼憨慢害我現在這麼落魄，還不趕快出去撿字紙，不要待在家裡讓我看了心煩……」咆哮聲後，謝謝阿婆打開門出來，我連忙佯裝往前走，只敢偷偷回眸用餘光觀察謝謝阿婆的反應，只見她老人家若無其事駝著背朝著街口前進。

心裡有種衝動想塞給謝謝阿婆「一一三家暴專線」，只是又想到丼飯大姐說的「家家有本難念的經」，依照謝謝阿婆的狀況，看來就算眾人傾力相助，如果她不願意改變對兒子的溺愛，恐怕也只是徒勞一場。我正暗自思忖卻不經意聽到謝謝阿婆喃喃自語：「也不趕快去討老婆、生個兒子，這樣我要怎麼跟祖先交代……」當下彷彿有一道電流竄進我心裡。

老一輩家庭教育重男輕女觀念由來已久，從日常俗語便能感受到性別問題。例如「查某囡仔油麻菜籽命」、「嫁雞隨雞，嫁狗隨狗」等等。嚴格說來，台灣性別平等的議題開始大鳴大放，導火線或許肇於一九九六年彭婉如命案的反省輿論，而這個時間點之前，女性要遵從「三從四德」、「女子無才便是德」是普遍的社會約束。

以謝謝阿婆的年齡來看，當時沒受教育的女性佔多數，她們儘管被時間的浪潮推著走，生活圈卻是相對封閉，唯一使命是把生活重心放在相夫教子、做個賢妻良母。我們的社會並沒有停下腳步教她們如何愛自己、如何爭取權益，即便受到壓迫，也只能選擇忍氣吞聲、任勞任怨。甚至在面對社會人際衝突時，因爲不知如何應對，最後只能選擇沉默。「謝謝阿婆算不算是被社會遺棄的老人家？」我心裡一時感到無比沉重。

正值邁入超高齡社會的台灣，目前著眼的層面大多是老人安養、照顧等等社會福利議題。然而，有多少沉默的老人家需要的是融入這個社會，要再推諉給「家家有本難念的經」嗎？這對高舉男女平等旗幟的台灣社會而言，或許是太過便宜行事了。

還願

文◎莊柳芬

半世紀前失去至親的恐懼，讓她無法在台灣土地上順暢地說出平凡的請求：「保佑我的孫兒平安長大。」這或許是老一輩「台灣人的悲哀」。

「如果你在台北看到有四面佛，要記得幫我去還願。」大兒子上了大學一段時間，婆婆臉上帶著春花般的笑容對著我說。

第一次與婆婆見面，是我大學一年級時，初次見面的她笑嘻嘻的對先生說：「這個好，這個只要穿童裝就好了。」沒錯，先生一家人都高大，連婆婆都比我高出將近半個頭，高眺的身材加上深邃的五官，讓婆婆在人群中極爲出色，尤其她舉止優雅，動靜得宜，第一次見到她我簡直是驚爲天人，除了外表，婆婆天生溫暖的性格，讓家中隨時都流動著一種自在的氣息，讓人很難不受感染，難怪外表嚴肅高大的公公，任何時候對她說話都是溫言軟語，這種感覺是我在成長過程中極少經驗到的；回頭想來，與先生的婚姻有大半是拜婆婆之賜，大學畢業不到半年便嫁入先生家中。婚後的我多了一位與自己的母親個性截然不同的媽媽。

我自己的母親從未上過學，雖然她十分聰慧，但總對自己沒有信心；相對的，唸過日治時期高中的婆婆卻極有自信，樂觀開朗而不失寬厚，她成爲了我的偶像，也是後來我初爲人母時解決許多難題的錦囊。那段時間是甜蜜幸福的，有兩對極度疼愛我的父母，尤其婆婆，給了我許多心靈的慰藉與實質的幫助。

婚後兩年多，生下大兒子後，婆婆及公公簡直是整天在高速公路上奔馳，今天送魚、明天送蝦，往返於台北台南之間。那時的我雖知道兩老對我非常疼愛，卻不懂得珍惜、也沒有充分體會他們無私的付出，一直到我自己生養孩子到類似的階段，才瞭解有多不容易。

但是，公公規劃中的這種美滿退休生活卻沒持續多久，大兒子未滿周歲時，公公便因病遽逝，婆婆的世界頓時由彩色變成黑白，大約有五年時間沒有跨出大門。那時，還沒就學的兒子與我常搭車回台南陪她住個幾天，想當然爾，她與我大兒子間的情感，是比其他孫輩更深。所以，當大兒子上高中時，她堅持要幫他付第一筆學費，我自以爲因爲是長孫，可以理解；但是到了唸大學時又說要還願……，她到底爲大兒子許了什麼願？而且，四面佛不是泰國的神祇嗎？怎麼會跑那麼遠去許願？

回去陪她時，忍不住問了這個問題。婆婆美麗的臉龐罕見地蒙上了一層陰影。她從小就是集各方寵愛於一身的獨生女兒，婚後公公對她也是百依百順，先生家兄弟姊妹四人，更沒有任何一個有過叛逆期，連孩子都不用她動氣的婆婆，笑容是她理所當然的表情。但此時她卻紅著眼眶說，大兒子是家裡讀書表現極爲突出的一個，長相又端正英挺——「很像我的大表哥……。」

原來婆婆家族同一輩裡有位表哥，從小就表現傑出，允文允武，精通圍棋與柔道，又長得一表人才，只要是教過他的老師，無不印象深刻。就有一位日籍老師在戰後被遣返離台二十多年後，來台舊地重遊時，第一句話問的就是：「XX君發展如何？是否是人中龍鳳？」背負著全家族的祝福到台大就學，那時候要進台大眞的不容易，錄取名額極爲有限。正當大家都對他的未來充滿期許之時，發生了二二八事件，也改變了一切。

事件發生不久，台大與成功高中有一些學生自動到街頭維持秩序，也參與運送遺體的善後工作，他即爲其中之一。當時街頭的慘況亂象，讓原本喜悅迎接「祖國」的他非常震驚，讓極具正義感的他更是百感交集，是什麼樣的政府要以如此凶殘的手段，對付手無寸鐵的一般百姓？這麼多生命的平白消逝到底理由何在？對這樣一位獨立思考的先見者，一旦發現到掌權者的蠻橫殘酷，就無法壓抑心中的失望不滿，進而參加了幾次志同道合者的聚會，就這麼列入了當局的黑名單，開始了他的流亡生涯。原來應是爲未來國家社會撐起一片天的棟樑之材，卻得開始過著不見天日的生活，家族爲他安排避走香港，也被他堅決拒絕，以致後來終於落入政府的天羅地網。這麼一位可以說是全家族最優秀的下一輩，在台大就讀不到一年，就因白色恐怖的「四六案」而消逝；備受期待準備發光發熱的一個純潔靈魂，從此成爲家族難以磨滅的創傷與遺憾，也成爲婆婆心底深處永遠的痛。

所以，大兒子要上建中數理資優班時，婆婆做的第一件事，不是她慣常的大宴賓客，居然是背著我們獨自到泰國四面佛前求保孩子平安，不要因爲出人頭地而受到任何政權的迫害。一直到孩子順利進了台大一段時間後，才安心地想去還願。只是年事已高，禁不起再次長途奔波到泰國，只能退而求其次，要我們選擇到台灣的四面佛前代表她還願。

其實我們心中一直還有一個疑問：台灣有各種在地公廟神佛可以許願，婆婆當年爲什麼會選擇泰國的四面佛呢？婆婆一直到她往生，沒有交待過這段心路歷程。難道是因爲半世紀之前失去至親的恐懼，讓她無法在台灣的土地上順暢地說出一個平凡的請求：「保佑我的孫兒平安長大。」我們只能這樣揣測。這或許才是老一輩「台灣人的悲哀」吧。

孩子的第一個禮物

文◎莊柳芬

最近常聽到朋友提出問題：不是已經綠色執政了嗎？立法院也過半了，地方政府不都綠化了嗎？怎麼綠色逗陣還有未完的任務？到底要逗陣到什麼時候才算是完成任務？

這是很難回答的問題。

回想孩子小的時候，經常帶他們出國旅遊，在孩子覺得可以自己塡寫入境單的那一年，我放手讓他寫，看著他認眞的樣子，心裡覺得有趣。「借我看一下你的。」孩子突然說。「嗯。」順手把單子遞過去，他卻以疑惑的表情看著我，向我問道，爲什麼我塡國籍不塡台灣，卻塡ROC，ROC就是台灣嗎？這個疑問，讓我的思緒回溯到第一年就讀高中之時。

在鄉下長大的我，國中畢業時，經由當時候的聯考制度分發到高雄女中念書，寄居於父親友人家中，那時，我是家族中唯一外出念書的孩子，讀到第一志願似乎幫父親贏得些許榮耀與肯定。離鄉寄住處的長輩是外省籍，任職於家鄉某一公家機關的政風單位（由於父親已於兩年前病逝，無法向他求證確切的單位名稱），因爲有個獨生女兒，也曾就讀高雄女中，所以這位伯伯及伯母對我非常疼愛，照顧有加。年少的我，心中對於文字——也就是中文——充滿了嚮往及憧憬，加上高中聯考得分是本校畢業學生最高分，求學過程自然懷抱無比的信心。其實，我就讀的那所學校每年考上雄中及雄女的人數不過十人左右，所以來自鄉下的孩子容易有自信，因爲念書時期同輩間幾乎沒什麼競爭，不過也因此誤以爲自己頗有文字天分。而在當時的教科書教導下，中國對我來說，是一個天境。

我記得，某一天傍晚放學時，街景極爲奇特，說不出有什麼不同，但感覺瀰漫著詭異氣氛，離開校門前，訓導主任特別交代同學們別在街上逗留，並且一路上連個行人都沒有，眞奇怪！回到伯伯家，父親居然異於尋常地打電話給我，沒記錯的話，那時我們家並沒有電話，爲什麼他要特地找個電話撥過來，要我別到處隨便走動？對當時正處於世界頂端自以爲是無所不能的我而言，是極爲不解的，我怎麼會隨便走動？我上街不是上學就是吃飯，哪裡是隨便？我無禮地回父親，他很無奈地要我週末放學立刻回家，哪兒也別去，我幾乎脫口而出地告訴他，我每週哪兒也沒去就直接回家，他不需要指導我這麼多！但他的聲音裡的憂慮這麼深，讓我的叛逆稍微收斂一些，忍不住問怎麼了，他只嘆一口氣：「回來再說。」我以爲是母親的健康出狀況，因爲她身體一直不好。回到家，父親沒再多說什麼，隨著時間巨輪壓輾過去，這件事也被我的青春歲月拋諸腦後，一直到大學時候，修了一門有關台灣史的課，才知道當天大人們噤聲不提的大事，就是「美麗島事件」。

此時，方才明白父親對我的愛，這麼深重，生長於那個時代的父親，受到日式教育的影響，難得對孩子有正向的情感表達，那天他打電話給我，是極爲難得的主動與我聯繫。

回過神來面對孩子，當年父親對我的擔憂，豈不是現在我對孩子同樣難以言喻的一份心意。沉吟好久之後，終於告訴他，塡ROC比較好。看著孩子不解的表情，突然覺得充滿愧疚，他出生所得到的第一個禮物——他的國籍——居然是父母輩心中難以說出口的複雜情懷，無怪乎許多即將成爲母親的懷孕媽媽，要冒著生命危險將腹中的孩子帶到美國去，因爲他們知道，將來孩子在說出自己國家是美國的時候，對國家認同坦然不會有恐懼。

腦海中浮現泰戈爾：

在那個地方，心沒有恐怖，頭抬得起來，
在那個地方，智識是自由，
在那個地方，世界不曾被狹窄的家國之牆分裂成碎片，
在那個地方，說話出自眞實之深淵，
在那個地方，不懈的努力伸出它的手臂向著完美，
在那個地方，理智的清流，不曾迷失在僵化積習的可怕不毛沙地，

在那個地方，心靈被祢引導前進，成爲永遠寬大的思想與行爲——

進入那自由的天國，我的父啊，讓我的國家醒來。

所以，雖然不知道別人心裡怎麼想，但是，我至少要努力讓孩子可以沒有不安且光明正大地說出：「我是台灣人！」我想，綠逗應該也是這麼想吧。

作者群介紹（按文章順序）

金守民

清華大學外語系副教授，畢業於美國哈佛大學英美文學博士，專門研究西方中古世紀和早期現代文化與歷史、英國文學史、知識暨文化史。幾百年前移民來台的中國人的後代，感謝台灣這土地給我家幾百年來落地生根的機會，讓我們當台灣人。

鄭麗伶

從小立志寵物越多越好，念了獸醫。赴康乃爾研讀魚類病毒，吃了不少炸鱒魚。威大病毒博士畢後留校察看任科學研究員。現任 FAPA Wisconsin 分會會長，日籍先生 HIRO（現任 Madison 台灣同鄉會會長），二人在美國為推行台灣文化不遺餘力。演布袋戲（Taiwan Puppet Troupe UW-Madison）、玩冰上石壺（Curling），也是北美州台灣人教授協會會員。部落格「TOTTORO 當家」：http://tottoro-meowmeowmeow.blogspot.tw

潘美智

旅加拿大台僑，長期參與海外台灣人社團和事務，關心台灣國內民主和國家的正常化。在加拿大舉辦慈善活動，讓加國主流社會認識台灣，曾舉辦年度美食節，收入以台灣的名義捐給加拿大癌症協會及乳癌行動協會等；當中國訂《反分裂法》時，邀多倫多和蒙特利爾的台灣同鄉會前來渥太華會師，一同前去抗議等。

徐珮儀

綠逗志工、《發哥開講》精選輯主編、綠逗《咖啡館的故事》廣播節目主持人。服膺「幸福就是，一群志同道合的人，追求一個超越個人利益的共同理念。」因爲志同道合，所以一點也不孤單；因爲超越個人利益，所以走得理直氣壯；因爲是共同理念，所以走得久久長長。

路瑟

閒人，好讀閒書，以前喜歡看字多的書，現在喜歡看圖多的書。曾經是職稱不固定的上班族，現在接案維生，是個不懂事的中年人。階段目標是變得更懂事。

阿銘

綠逗志工。

陳建志

曾爲《Asian Diver》雜誌中文版專欄作家，本身潛水資歷超過十八年。同時愛好水中攝影。期待透過作品中對台灣海域生態的介紹，促進國人對海洋保育的重視，使台灣成爲一個與自然永續和諧共處的海洋國家。

黃育芯

曾經人生以追求一百分爲目標，後來發現太難而立志做個「快樂的第二名」。在媒體圈做過綜藝節目、政論節目、紀錄片後，發現人從土地獲得太多卻又付出太少，於是轉行餐飲業，希望透過在廚房的修練，實踐讓環境永續發展的志業。

部落格「小餐館老闆娘的極任性願望」：http://64food.blogspot.tw

LI Thoi-yen & TAN Eng-jiu

夫妻兩人是綠色逗陣成立以來與綠逗一同奮鬥的志工，八八風災時響應爲扶助小林村倖存戶的陪伴家庭。他們是台語家庭，孩子從出生就開始講台語，全家正在進行本土語言實驗教育。

陳予心

退伍老兵，當過職業軍官二十年，也是退休公務員，曾任公職二十年。喜好求知恤貧，主張忠信正義，禮讚傳統美德。高中一年級（十六歲）就加入國民黨，迄今黨齡超過半個世紀，但是自從經國主席逝世，登輝主席卸任之後，國民黨全體中央幹部就開始背叛經國先生的反共遺志，馬英九上台之後更是變本加厲，全心傾共，一盼亡黨，再盼亡國。從此完全脫離黨的隊伍，不屑參加他們的任何活動，除非他們及時悔悟，懸崖勒馬，回復正義，否則永遠不會歸隊！

韓貴香

綠色逗陣之友會副理事長，淡江大學教育心理與諮商研究所教授。

張勝源

曾經在電視媒體圈打滾，參與過一票的綜藝節目製作，還差點得了金鐘獎。某天不知為何，也許是頭被撞到，竟立志要拯救世界，便加入民意代表的服務團隊。後來發現拯救世界太難，餵飽別人的肚子比較容易，於是帶著領養來的貓咪私奔，現在成了某間餐廳的廚師兼老闆。

劉育辰

澎湖人，在大學時去世界流浪了一圈才發現自己對於家鄉是那樣地陌生，於是開始思考其他認識家鄉的可能性，願望是出版一本屬於家鄉的旅遊手冊。

邱顯洵

紀實+時勢漫畫創作職人。

一九六三年出生於台北雙溪。畢業於國立藝專美術科國畫組、法國巴黎 C.T.E de VINCENNES 設計學校。著有《手繪台灣人四百年史》。

蘇瑞鏘

政治大學歷史學系博士

金恆煒

政治評論者。

張文翊

台灣政治大學中文系畢，曾任《民族晚報》編譯，《中國時報》副刊編輯，《當代》雜誌發行人、編輯。

黃界清

德州農工大學機械系講座教授，北美洲台灣人教授協會的前會長。因在熱傳導領域的貢獻，二〇一六年獲得美國機械工程學會頒發最高榮譽獎。

王泰澤

化學博士，旅美退休教授，北美洲台灣人教授協會、美國木雕協會會員。現職爲University of Cincinnati OLLI 松年學院「台灣歷史」主持人。著有《母語踏腳行——Taiwanese Language: An Acoustical Journey》（前衛，二〇〇四）；譯作《恫嚇下的民主進展》（與張喜久共同翻譯。前衛，二〇〇七；原著作者 Bruce Herschensohn）。閒餘專事寫作、雕塑。

簡信堂

曾經待過傳統製造業及電子業，擔任過電子業研發主管，喜歡思考。經歷過同樣面臨中國低價人事成本的競爭時，工具機業根留台灣，推動產業升級轉型；以及電子業爲降低成本大舉西進，間接養大「紅色供應鏈」，反而造成更大競爭壓力。深感不同決策所帶來的巨大影響，國家、個人也是一樣，簡單好走的道路不一定會有甜美的結果。

曹添旺

中央研究院人文社會科學研究中心兼任研究員，東吳大學經濟系教授，國立台灣大學經濟學系兼任教授，東吳《經濟商學報》主編，台灣大學經濟論文叢刊編輯委員。

李宗穎

《民報》專欄作家，大學兼任助理教授。旅居美國二十多年，德州農工大學經濟博士，在美曾任軟體工程師及金融業服務，二〇〇四年回台灣，二〇〇八年金融海嘯後開始注意金融主管機關的角色與系統性風險。

詹姆斯．馬爾登（James Muldoon）

康乃爾大學歷史系博士，羅格斯大學榮譽教授，現為布朗大學布朗圖書館的駐館研究學者；曾為劍橋大學傅爾布萊特獎學金學者、普林斯頓高等研究院學者、美國國家人文基金會研究學者。研究領域：中世紀與早期現代歐洲政治歷史，其學術貢獻為國際法在中世紀教會法的起源、歐洲帝國擴展與殖民地主義、中世紀基督教對其他族群的法治論述與政策、現代政府的形成等，目前研究美國獨立革命的理論與其在歐洲政治思想的基礎。著作《帝國與秩序：帝國的概念，800-1800》（St. Martin，1999）等。

俞培雅

現爲清華大學外語系文學組碩士生。研究興趣爲中古世紀、早期現代英國文學、對於宗教改革與女性角色議題特別好奇。目前埋首論文中，主題爲《從基督徒到女基督徒：從《天路歷程》看英國清教徒社會中的女性角色與論述》。

陳師孟

綠色逗陣之友會理事長。

鄭文龍

法律扶助基金會、台灣永社發起人，台灣陪審團協會創會理事長，法家法律事務所主持律師。

洪英花

曾任第一屆增額國大代表、士林地方法院庭長、台灣高等法院法官、現職臺北地方法院法官。

戴章皇

中華生技公司執行長，綠色逗陣之友會監事，「放學窩」課後輔導發起人，放心窩社會互助協會監察人。

彭光輝

國立台北科技大學設計學院建築與都市設計研究所、建築系教授。

黃帝穎

執業律師，永社副理事長，台灣北社副社長，綠色逗陣理事。

白丁

經過文革洗禮的中國異議人士。曾在上海一所大學教西方經濟學，赴美後轉行做了電腦程式員，現已在美退休，專事政治評論。

部落格「大道青天」：http://blog.dwnews.com/dadaoqingtian

丈和

英國 A.A. 建築研究所畢業，曾任澳洲礦冶研究所 Project Manager，現任投資管理公司CEO。少無適俗韻，性本愛丘山，誤落塵網中，一去五十年！

任將達

阿達，出生於台灣基隆，父親韓國人、母親日本人，生長在中、韓、日文三種語言環境，很會台語，畢業於台大社會系，雖是道地的韓國人，但可能比很多台灣人都愛台灣。

水晶唱片發行人，「水晶唱片」成立於解嚴時期，是台灣獨立歌手的重要推手，出版「黑名單工作室」《抓狂歌》，知名歌手陳明章、朱頭皮和伍佰都是從這裡出道。水晶許多作品對台灣本土的文化提出關懷與省思，調查台灣田野聲音資料，出版《來自台灣底層的聲音》、《台灣有聲資料庫》等，曾獲頒金曲獎「特別貢獻獎」，也曾操刀阿扁市長競選歌曲〈春天的花蕊〉、〈台北春天新故鄉〉，樂迷將「水晶唱片」稱頌爲「新台語運動」。

目前致力於台北市弱勢孩童輔導教育團體「放心窩社會互助協會」。

李淑媛

宮崎駿說，把自己半徑五公尺之內的事情確實做好，就會覺得踏實、幸福。我也希望這樣活著，像一朵小花，在角落安安靜靜的開與謝。

萍萍

退休中學教師。

黃柏威

心理諮商師。在哈雷慧星尾巴掃過島嶼天空的那年，擁有人生第一副望遠鏡，以爲長大後會當個天文學家，探索浩瀚星空的奧祕。當東方特快車郭泰源穿著西武十八號球衣在球場上屢創佳績時，小男孩幻想自己有天也要站在投手丘上，在十八．四四公尺的距離裡，投出令打者摸不著邊的好球。在長春戲院還不是國賓影城的時候，那是流連光影之間的青春時光，夢想自己有天也能用影像說故事，而且還要說得讓人又哭又笑。

部落格：http://metawilly.pixnet.net/blog

莊柳芬

三個孩子的媽，是一個極爲平凡的台灣家庭主婦，兼職專利翻譯。與夫婿二人自綠色逗陣發起以來，幾乎不缺席綠逗的活動，是死忠兼換帖的快樂志工家庭！

國家圖書館出版品預行編目資料

逗陣看台灣 / 金守民等作 ; 綠色逗陣編輯小組編.
-- 初版.-- 台北市：前衛, 2017.12
面； 公分

ISBN 978-957-801-832-7（平裝）

1. 臺灣研究 2.文集

733.07 106019056

逗陣看台灣

作　　者 金守民等
編　　者 綠色逗陣編輯小組
責任編輯 鄭清鴻
封面繪圖 邱顯洵
封面設計 江孟達工作室
美術編輯 宸遠彩藝
出 版 者 前衛出版社
10468 台北市中山區農安街153號4樓之3
Tel：02-25865708 Fax：02-25863758
郵撥帳號：05625551
e-mail：a4791@ms15.hinet.net
http://www.avanguard.com.tw
出版總監 林文欽
法律顧問 南國春秋法律事務所
總 經 銷 紅螞蟻圖書有限公司
11494 台北市內湖區舊宗路二段121巷19號
Tel：02-27953656 Fax：02-27954100
出版日期 2017年12月初版一刷

定價 新台幣300元

Printed in Taiwan ISBN 978-957-801-832-7